“十三五”国家重点出版物出版规划项目

“中国工业遗产故事”丛书

丛书主编　刘伯英　周大亚

永利碱厂故事

闫　觅　著

南京出版传媒集团
南京出版社

图书在版编目（CIP）数据

永利碱厂故事 / 闫觅著. -- 南京：南京出版社,
2019.10
（中国工业遗产故事丛书 / 刘伯英, 周大亚主编）
ISBN 978-7-5533-2645-0

Ⅰ.①永… Ⅱ.①闫… Ⅲ.①制碱厂 – 工厂史 – 天津
– 青少年读物 Ⅳ.①F426.7-49

中国版本图书馆CIP数据核字（2019）第181789号

丛 书 名 中国工业遗产故事
丛书主编 刘伯英 周大亚
书 名 永利碱厂故事
作 者 闫 觅
出版发行 南京出版传媒集团
南 京 出 版 社
社址：南京市太平门街53号 邮编：210016
网址：http：//www.njcbs.cn 电子信箱：njcbs1988@163.com
天猫1店：https：//njcbcmjtts.tmall.com/ 天猫2店：https：//nanjingchubanshets.tmall.com/
联系电话：025-83283893、83283864（营销） 025-83112257（编务）

出 版 人 项晓宁
出 品 人 卢海鸣
责任编辑 孙海彦
封面设计 张 森
版式设计 王 俊
责任印制 杨福彬

制 版 南京新华丰制版有限公司
印 刷 江苏扬中印刷有限公司
开 本 787毫米×1092毫米 1/32
印 张 4.25
字 数 75千
版 次 2019年10月第1版
印 次 2019年10月第1次印刷
书 号 ISBN 978-7-5533-2645-0
定 价 28.00元

天猫1店 天猫2店

编 委 会

总 序

在众多的文化遗产中，“工业遗产”是一个年轻的类型。工业遗产是工业时代形成的遗产，自从 18 世纪 60 年代以蒸汽机为代表的第一次工业革命在英国爆发以来，工业文明虽然只有短短的三四百年历史，但在人类文明的发展史上，工业文明所创造的财富和对世界以及人类生活的影响，都远远超过之前几千年的总和。经过多年的开采、生产、运行，有些矿山、工厂、仓库、烟囱、管道、铁路、码头等已经失去了生产功能，但作为纪念物被保留了下来；同时还有些机器、车辆、工具、仪器、图纸、档案、照片、产品、服装等也一起保留下来，成为工业文明的历史见证和记录。

我们衡量文化遗产一般采用“历史、艺术和科学价值”这三大价值作为标准，而工业遗产在具有文化遗产的普遍特征的同时，还具有一些特殊的价值。一般来说，工业遗产具有历史、社会、建筑和科技、审美等多重价值。它与其他文化遗产的区别就是技术价值。工业遗产见证了科学技术对于工业发展所做出的突出贡献，表现在工厂矿山的选址规划、建（构）筑物的施工建设、机械设备的设计安装、生产工具的改进、工艺流程的设计布置和产品的更新等方面。从工业遗产中我们可以清晰地看到技术进步的脉络，其中既有创新、改进，当然也有失败或者弯路，这些都为后人提供了可供借鉴的经验或者教训。由于工业遗产可以直观地反映出人类社会发展的这一重要过程，工业遗产成为我们社会发展不可或缺的物证。

当你走进我国各地的博物馆，看到最多的是什么？是青铜器、陶瓷、丝绸、书画、金银玉器等精美的手工艺品，我国悠久的农业社会文明，为世界贡献了数不清、看不尽的文化瑰宝，使参观者瞬间满怀文化自豪感。从本质上说，这些都是农业时代的遗存，代表的只是我们国家在农业时代创造的文明、对世界文明发展的贡献。可是你却很少能够在我国博物馆中看到数量、规模能与上述这些农业文明时代的文化遗存相当的工业遗产。尽管工业时代是离我们最近的历史时期，工业文明创造了巨大财富，对世界以及人类生活产生了深远影响，但我们似乎忘记了给它在博物馆中留出应有的位置。

工业遗产对生活在当下或者未来的人有什么意义呢？我们说，工业遗产具有纪念、教育、文化或象征的意义。

我国工业化以来，形成了许多新的城市。例如，哈尔滨、长春、郑州、石家庄是火车轮子拉来的城市，上海、大连、青岛、秦皇岛是港口通航形成的城市，唐山、鞍山、玉门、大庆、平顶山、萍乡是矿山开采形成的城市。矿山、工厂、井架、火车头、港口是这些城市的历史符号，是老一辈人抹不去的记忆，很多家庭连续几代都在一家厂矿中工作，这些厂矿是城市的“源”，也是文化的“脉”，更是市民的“根”。

由于中国工业社会时代开始的时间晚于欧美，人们对工业遗产保护的认识需要一个接受的过程。随着城市化步伐的逐步加快，对工业遗产在拆与保、遗弃与利用之间存在着激烈的碰撞。这种碰撞不仅存在于个别地区，而且普遍存在于具有工业遗产资源的众多城市。近年来，我国伴随城市规划布局及产业结构的调整，过去的工业区大多变成了中心区，工业外迁的步伐加快，出现了大量的工业遗产。如何评估这些遗产并将其妥善保护、永续利用，已成为文化遗产保护领域一个极为紧迫的问题。

令人欣慰的是，许多具有远见卓识的地方政府，在大力推进当地经济社会可持续发展的进程中，重视工业遗产的保护，取得了令人称道的成绩。在对工业遗产保护逐渐形成共识的形势下，一批工业遗产得到了积极保护和合理利用。同时，我们也必须注意到，尽管近年来一部分工业遗产开始被列入保护之列，但是受法律保护的工业遗产项目仅占应纳入保护内容中的很小一部分。还有很多城市，特别是一些传统工业城市，还未将工业遗产保护纳入文化遗产保护范畴,还缺乏对工业遗产的总体评价和细致规划。

工业遗产的保护和利用需要公众的关注和参与。工业遗产的主人不仅是政府，每个人都是主人，只有当地居民自觉守护，才能保卫工业遗产的尊严，有尊严的工业遗产才有强盛的生命力。只有把工业遗产保护与城市文化建设，特别是与公众的生活紧密联系在一起，才能为工业遗产的保护与利用找到真正的根基，才能使工业遗产成为公众生活的组成部分，才能使工业遗产成为城市文化的内核与灵魂，也才能使城市成为工业遗产真正的家园。建设一个房地产项目，可以服务一个城市几十年，而保护好一个城市的工业遗产，或许会让一个城市受益上百年，同时也有助于提升市民的文化理念，使人们用辩证思维的方式去看待城市发展中的各种矛盾，平衡、协调、解决好各类问题。

感谢刘伯英教授等研究工业遗产的学者们，多年来为工业遗产的保护和利用开展了大量工作，使工业遗产引起了政府部门的重视。今天，他们又开拓了一片新领域，通过每一项工业遗产的详细说明与阐述，把我们的工业发展历史和其中有趣的人物、故事介绍给普通大众和青少年，引导更多的人，尤其是青少年群体对工业遗产产生兴趣，自觉地保护我们身边的工业遗产，这是一件利在当代、泽被千秋的好事。我非常愿意把这套丛书推荐给大家，特别是我们的青少年读者，为我们5000多年的文明史补上这极为精彩的一段，完整地看待一个悠久历史的民族，在艰难困苦中百折不回，从一个纯粹的农业国华丽转身成世界最重要的工业制造大国，树立起我们的民族自信。

单霁翔

（作者系中国文物学会会长、国家文物局原局长、故宫博物院原院长）

序 言

20 世纪初，中国处在重要的转变时刻，新旧势力交替，内忧外患不断。所幸，一批有志之士决心以实业救中国，通过发展实业来挽救民族危机，永利碱厂就是在这样的背景下建立起来的。

留日归国的范旭东看到当时的中国工业非常落后，不仅日常用品，连工业原料都需要从外国进口，感慨之余，他决心在中国建立化学工业体系。他将渤海之滨天津塘沽选为工厂基址，在此建立了久大精盐厂、永利碱厂、黄海化学工业研究社，统称为“永久黄”团体。

永利碱厂的建设并不是一帆风顺，而是困难重重。历经政府征收盐税、苏尔维集团的技术封锁、卜内门公司的价格竞争等不计其数的坎坷，范旭东不仅没有被这些困难击垮，反而迎难而上，带领陈调甫、侯德榜、李烛尘等人反复试验，攻克技术难题，终于生产出雪白的纯碱。“红三角”牌纯碱分别在1926年美国费城举办的万国博览会和1930年的比利时工商博览会上荣获金奖，为中国争得了荣誉，成为民族之光。

就在永利碱厂制碱事业步入正轨的时候，爆发了七七事变，随后日军占领了天津，范旭东拒绝与日本人合作办厂，只好忍痛将永利碱厂的机器设备拆除，携带全部设计资料和厂区图纸与大部分员工一起转入四川。在四川的五通桥老龙坝地区，范旭东建立“新塘沽”，命名为“永利川厂”。由于地理环境的限制，制碱原料由原来的塘沽海盐换成了四川井盐，那么生产工艺也就不适用了。于是在物资匮乏、交通不便的大后方，侯德榜与永利碱厂的技术人员共同探索适用于四川地区的制碱方法，经过多年的不懈努力，终于研究出可以提高盐利用率的联合制碱法，命名为“侯氏制碱法”，不仅解决了永利川厂技术上的燃眉之急，同时也为世界制碱业的发展作出了贡献。

新中国成立后，永利碱厂与久大精盐厂合并为永久沽厂，又更名为天津碱厂。21世纪初，天津碱厂搬迁到临港工业区，成为一座集海洋化工、煤化工和石油化工为一体的化工产业集团。

永利碱厂不仅创造了辉煌的历史，而且承载了老一辈创业者坚忍不拔的精神与坚定不移的爱国情怀，在中国化工业史上留下了一页页振奋人心的篇章，激励着今天的青少年用青春和智慧书写新的历史！

目录

一　化学工业之翼——碱

碱是什么

我们在生活中到处都能看到碱的影子，肥皂、洗涤剂、制作馒头或面包的发酵剂，它们都含有碱。碱是一种与酸相对的物质，指电解质电离时所生成的负离子全部为氢氧

◎小贴士

肥皂为什么滑滑的：我们在用肥皂洗衣服的时候，肥皂有时候会从我们手中滑出去，这是因为碱与皮肤中的蛋白质发生化学反应，腐蚀皮肤，就会产生一种滑溜溜的感觉。肥皂、香皂、洗洁精等洗涤剂属于温和的碱性物质，因此用手触摸这些洗涤剂的时候，只是手感较滑，不会有危险性。但如果是像烧碱这类的强碱性物质，就会把蛋白质全部溶解掉，非常危险。

根离子的化合物。

蒸馒头的时候碱放多了就会有一股苦味，用肥皂洗衣服的时候会感到肥皂滑溜溜的。生活中的物质如果有苦味，用手去摸感到滑滑的，大多含有碱。但是用舌头去尝碱的味道，用手去触摸碱性物质，是非常危险的。比如碱性非常强的烧碱，如果一不小心碰到或者吃下去，会烧伤你的手、嘴巴、胃，严重的话还会丧命。

生活中常见的碱

碱有很多种，生活中比较常见的小苏打就是碱的一种。除此之外，还有工业生产中用到的烧碱、纯碱、氨等碱。

肥皂或者洗涤液中都含有一定的氢氧化钠，俗称火碱或烧碱，通常在化工厂中见到，不仅会腐蚀蛋白质，还有一定的毒性。那我们用这个洗衣服洗盘子会不会对我们身体造成危害呢？其实不会的，因为这些洗涤剂用的都是稀释后的氢氧化钠，毒性大大降低，而且能溶于水，清水冲洗后对我们身体就没什么影响了。

我们发现，肥皂长时间不用的话，表面会有一层白色的粉末，这层粉末就是氢氧化钠与空气中的二氧化碳反应生成了碳酸钠。碳酸钠就是纯碱，又叫苏打，是从国外翻译来的音译名称。

小苏打的化学名称叫碳酸氢钠，它的碱性较弱，对人的伤害较小。由于小苏打具有洗涤功能，我们常用它来擦除污渍、清洗水果蔬菜等。小苏打可以轻松将这些污渍清洗掉，非常方便，因此又被称为洁碱。此外，小苏打还可以用来发面粉、治疗胃病等。

有时候，我们进入长时间没有清洗的卫生间会闻到一股刺激性气味，这股气味就来源于我们小便中的氨。氨是一种刺激性强、有毒的物质。氨气非常容易溶于水，溶于水后生成的氨水为碱性，因此对我们的身体也有腐蚀性。氨虽然有一定的危险性，但却是肥料的重要来源。

碱的生产

古时候，肥皂还没有被发明出来，人们就用一种叫作碱水的东西来洗衣服，这种碱水也叫草木灰水。明代医药学家李时珍所写的《本草纲目》中就记载了它的生产方法：将豆荚皮、秸秆晒干后，用火烧成灰，然后把灰浸泡在水里，淋出汁，这些汁水就是碱水。我国北方的碱水湖到冬天的时候，上面会凝结成一层雪白的碱霜，这就是天然碱。人们将天然碱取出后，简单加工成“口碱”，运到各个地方售卖。这种天然碱纯度不高，可以食用或者清洁，但是却不能用于工业生产。

路布兰

230多年前，法国有一位科学家叫路布兰，经过多次的实验研究，发明了用盐制造碱的方法。将食盐与硫酸加热反应生成硫酸钠，再将硫酸钠、石灰石和煤混合于反射炉中加热至950℃—1000℃生成碳酸钠。虽然制造的程序较为复杂，成本较高，但是却开创了一条容易操作的食盐制碱的道路。

直到距今150多年前，比利时科学家苏尔维在路布兰的研究基础上，又多次试验，改进了原来的路布兰制碱方法，称作“苏尔维制碱法”，生产原料包括食盐、石灰石、焦炭和氨气。把石灰石放在窑里煅烧，生成生石灰（氧化钙）和二氧化碳（就是我们呼吸的时候呼出的气体）。然后把二氧化碳气体和氨气通到食盐水里，就生成碳酸氢钠（小苏打）和氯化铵。小苏打不易溶解于水，于是沉淀在底下，而氯化铵可以溶于水中。过滤后，小苏打与氯化铵分离开，把小苏打加热，就可以得到纯碱与二氧化碳。二氧化碳还可以通到食盐水中再次使用，氯化铵

苏尔维

和熟石灰（生石灰加水变成的）反应后又变成氨气，也可以再次通入食盐水中使用。这种制造纯碱的方法工艺流程较长，但是生产的纯碱品质较高，原料利用率也提高了，因此世界各地普遍采用这种方法制碱。

但是苏尔维制碱法只能利用70%左右的食盐，其余30%左右的食盐原料都被浪费了，而且副产品氯化钙也没有什么用途，增加工业废料的产生。我国的化学家侯德榜先生与永利碱厂的工人一起研究了多年，改进了苏尔维制碱法。新的制碱法不仅将食盐的利用率提高到96%，而且副产品氯化铵可以用作肥料，减少了工业废料的产生，降低了成本。目前这种制碱方法已经在全世界广泛应用，并以发明者的名字来命名，称为“侯氏制碱法”。

◎**小贴士**

面包为什么非常松软：饼和面包同样是用面粉制作的，为什么面包里面就有很多小气泡，而饼里面却没有呢？这是因为它们的制作方法不同。做面包的时候，我们会在面粉里放入一点小苏打或者酵母粉，但是饼却没有。面粉里的小苏打遇到制作面包添加的酸性物质，就会反应生成二氧化碳气体，这些气体在往外释放的时候，就会使面粉变得松软膨胀。

碱的功能

碱是化学工业中很重要的一种原料，纺织工业、制革工业、造纸工业、玻璃工业等都会用到碱。此外，通过碱制成的很多产品是我们日常生活中经常使用的。

我们现在穿的衣服上都有很多漂亮的颜色和图案，但是制作衣服的棉线本身是没有这些颜色的，它们是后来用染料染上去的。由于棉线或者布料上会含有油脂杂质，在染色的时候就需要用碱水蒸煮去除，方便染色。

皮革工业一般要经过准备、鞣制和整饰三个阶段。准备阶段是将兽皮涂满食盐，防止腐烂，然后放入石灰水中浸泡来去除皮上的毛发和脂肪。此时在石灰水中加入一些碱，毛和脂肪更容易脱落，皮也更容易软化，这样就缩短了制革的时间。所以碱在制革工业中很重要。

东汉时，蔡伦改进了造纸的方法，将含有植物纤维的东西煮沸捣烂后，使植物纤维错综交织在一起，就形成了纸。棉花、麻、木材等都是富含植物纤维的东西，当然可以用来造纸，但成本太高，所以造纸的原料大都是树皮、废纸以及草叶。这些东西除了植物纤维之外，还有木质素、油脂、泥沙、灰尘等会影响纸质量的杂质，因此必须去除。其中的泥沙、灰尘通过机器来敲打、煮洗就可以去除，而木质素、油脂则必须用化学方法去除。非植物纤维的杂质很容易受到碱的破坏而除去，因此用碱来除去造纸原料中的杂质，是造纸工业中很重要的一个步骤。

有一天，一艘遭遇飓风的货船在海湾抛锚，水手们走到岸上准备生火做饭，但是沙滩上没有架锅的石头，于是一个水手就从船舱中搬出几个碱块来架锅。火生好后，一个水手突然喊道："宝石河流！"其他人顺着他手指的方向看去，一条细小的发光的水流从火中缓缓流出，火熄灭后，这条河流也冷却了，变得非常坚硬透明，这就是玻璃。这当然是一个传说。制造玻璃的主要原料是石英砂和碱，除此之外，还有石灰石、芒硝、硼砂等。这些原料磨碎后按照一定的比例混合在一起，放入耐火的炉子中烧，经过一段时间后就变成玻璃了。

二 大海宝藏多——煮海的年轻人

民国初年的一个秋天，一位西装革履的年轻人走在塘沽的海滩上，虽然身形消瘦，但是目光却异常坚定。海浪不断冲击着海滩，一阵阵哗哗的声响将这位年轻人的思绪带回过往。

有志少年

1883 年 10 月 25 日，湖南省湘阴县南部一个叫作东乡的小村落的范家诞生了一个婴孩，这是范家第三个孩子，取名为范源让，字明俊。范家原本是一个小康家庭，然而在范源让 6 岁这一年祖父、父亲相继去世，家道中衰，范源让的母亲只好通过做针线活来养活孩子们。

在姑妈的资助下，范源让进入学堂学习启蒙读物，博览诸子百家。1894年中日甲午战争爆发，清政府以失败告终，被迫签订了《马关条约》。这激发了中国人民自强救国的思潮，一些爱国志士开办新式书院，教授西方科学技术，着重培养科学人才。此时正在长沙吴镜蓉馆学习八股文的范源让受到新思潮的影响，经常到新式学堂求贤书院去阅读报纸，接受新生事物。

19世纪末，中国在列强的入侵下岌岌可危，“变法维新”的新思潮开始广泛传播，湖南的维新运动也逐渐高涨。爱国人士成立南学会并创办时务学堂传播新思想，范源让的哥哥范源濂辞职考入这一新学堂，接受维新思想。此时维新人士梁启超受到湖南巡抚陈宝箴的邀请在时务学堂任教，向学生们介绍西方的政治思想，鼓励工商业，宣扬变法理论，抨击腐朽的封建王朝。范源濂经常与梁启超一起讨论国家大事，畅谈西方民主思想，研究救国救民策略，范源让跟随其哥哥也受到了新思想的影响，虽然他的理解还很浮浅，但却在心里埋下了种子。

然而轰轰烈烈的维新运动遭到清政府的强烈反对，1898年戊戌变法失败，梁启超逃往日本，他的学生范源濂也受到牵连，只好东渡日本留学。1900年，八国联军发动侵略战争，软弱无能的清政府无力应对，以孙中山为首的革命思想逐步影响新的知识分子。此时，范源濂也悄悄潜回国内，准备参加汉口武装起义。不料起义失败，范源濂

范源濂

只好再次东渡日本逃亡。这次他害怕家人受到牵连，就把弟弟范源让藏在船舱下，一起逃往日本。

启程的那晚，风急天暗，一阵阵汽笛声中，船舱里的范源让也逐渐远离了祖国母亲。周围响起哗哗的海浪声，这是大海的声音，大海像母亲一样安慰着范源让，他害怕的心也慢慢地平静下来。他想起祖国近年来所遭遇的种种磨难，意识到只有通过他们这一代人的努力拼搏才能拯救祖国，心中的恐惧一扫而光。想起梁启超的期望：“今日之责任，不在他人，而全在我少年。少年智则国智，少年富则国富；少年强则国强，少年独立

◎小贴士

范源濂（1875—1927）：字静生，湖南省湘阴县人，中国近代著名教育家。早年就学于长沙时务学堂，戊戌变法失败后流亡日本，进入东京高等师范学校学习。1905 年回国，曾任教育部次长、中华书局总编辑部部长、北洋政府教育总长、北京师范大学校长等。曾多次到美国考察教育，并邀请外籍学者到中国讲学。1927 年病逝于天津。

则国独立；少年自由则国自由，少年进步则国进步……”范源让对未知的未来也充满了信心。

旅日深造

踏上异国的土地后，范源让将自己的名字改为范锐，字旭东，警示自己不忘国耻、锐意进取，掌握救国救民的本领。范旭东考入日本清华学校，在这里主要是学习日语，同时学习政治、哲学等其他学科的知识。

初到日本的几年里，范旭东到处游历考察，所见景象使他震惊不已：城市交通四通八达，工厂鳞次栉比；乡村采用新的农业技术，物产丰富，呈现欣欣向荣之势。这是日本明治维新之后，积极学习西方的先进技术振兴国家的成果。范旭东考察的时候了解到日本向美国购买机器设备后就着手研究仿制，不会再买第二次。而自己祖国变法失败，朝政腐败、闭关自守，与日本相比已是落后不少。因此，他暗下决心，一定要在日本学习先进的知识，同时思索救国之道。

范旭东

1905 年，范旭东考入冈山第六高等学堂（大学预科）学习医学。

范旭东在日本

在学堂里，范旭东很少参加舞会，一有时间便埋头读书，同学们都敬畏地称他为“怪人”。这年冬天一个寒冷的早上，天气阴沉沉的，飘着大雪，来学校上课的老师和同学们都穿着厚厚的衣服匆匆赶往教室。当他们路过操场的时候被眼前的一幕惊呆了：风雪中，范旭东光着脚在雪地里奔跑，手脚都冻得通红，嘴里吐出的热气很快就消散在风雪中。一位同学好奇地上前询问：“范君，天气这么冷，你为什么光着

◎小贴士

明治维新：历史上，日本是由天皇统治的封建制国家，实际上幕府的将军掌握了统治权。近代以来，在西方列强的冲击下，日本各个阶层对幕府的统治渐生不满，希望将统治权还给天皇并赶走外国侵略者。于是经过激烈的斗争，1868 年废除幕府，明治天皇建立新政府。新政府积极引进西方科学技术，派留学生出国学习，培育科技人才，建立了一系列军工、矿山、铁路、纺织等新式工厂。这次改革是日本近代史上重要的转折点，此后，日本成为世界强国之一。

脚在雪地里奔跑呢？”范旭东微微一笑说道：“我的脚生了冻疮，在我们中国有一个土办法，光着脚在雪里奔走就会好，为了治病，就得咬紧牙关，这叫自强不息。”但是日本同学却不解地摇摇头走开了。这件事情反映出范旭东顽强刚毅的品格特征。

范旭东在学习之余还悄悄学习制造炸药，希望能通过军火制造技术拯救中国，并打算毕业后学习军事相关专业。于是，他同冈山第六高等学堂的校长酒井佐保商量此事，不料校长听后，对范旭东说道：“等待你学成，中国早就灭亡了。”范旭东一听，非常愤怒，暗下决心一定要拯救中国。同时他意识到近代军事的基础是近代科技和近代工

范旭东（右）与胡适合影

业，仅仅依靠制造兵器炸药是远远不够的，所以决定走“工业救国”的道路，并选择“近代工业之母”的化学作为他深造的专业。1908 年，范旭东考入京都帝国大学理学院学习应用化学，这为他日后创办民族化学工业奠定了理论基础。勤奋好学的范旭东深得系主任近重真澄器重，毕业后留校任助教。

1911 年辛亥革命推翻了封建帝制，远在日本的范旭东备受鼓舞，在漫天飞舞的樱花林中向他的老师辞行。“旭东，你真的要回到中国去？”老师问道。范旭东认真地点了点头。“那你回国想要从事什么工作呢？”“办实业，工业救国。”范旭东辞去了京都帝国大学的助教工作，怀着满腔热情与抱负回到祖国的怀抱。

三 海滩升起“海王星”——久大精盐厂的建立

出国考察

范旭东回到国内并没有立即投身到化学工业的创办，而是应财政部币制局的邀请，在天津制币厂工作，主要任务是参与整顿造币厂，分析化验银圆的质量。通过调查，范旭东发现银圆的含银量大多不足，于是申请将不合格银圆回炉重铸，却遭到财政部的拒绝。深感官场黑暗的范旭东愤然辞职。

袁世凯为了获得西方列强在资金上的支持，于是同意西方列强提出的改革盐政建议，准备组织一个考察团前往欧洲调查盐务。此时哥哥范源濂正在担任北洋政府教育总长，向财政部推荐了范旭东。辞职后正准备去德国深造的范旭东如愿去欧洲考察，与其他三位理财官员一同踏上旅程。范旭东利用这个机会考察了欧洲各大盐场，此时欧洲的盐化工业已经非常发达，不仅盐专卖法非常完善，生产的精盐品质优良，而且建立了规模庞大、技术先进的盐化工厂。此时，范旭东心中产生一个强烈的愿望：在中国建造精盐厂，改变中国目前落后的制盐业，同时抵制进口精盐，挽回利权。

恰好此时，范旭东收到财政部的电报，政府要建设一个新式盐厂，叫他回国筹办。得知此消息，范旭东非常高兴，立刻收拾东西踏上回国的旅程。然而等他回到上海，才知道哥哥范源濂已经辞去教育部的职务，时局动荡，民不聊生，袁世凯正忙于登基当皇帝，原来计划筹办的精盐厂也无人支持了。对政府彻底失望的范旭东辞去了财政部的工作，毅然走上了一条私人创办企业的艰难道路。

初到塘沽

1913 年的冬天，范旭东冒着漫天飞雪乘坐火车来到塘沽。下了火车，走出站台，只见西面是八国联军入侵塘沽后，被俄国士兵占领的“俄国庄”，南面是被日本占领的原来存盐的“官坨”，俗称“日本大院”，“俄国庄”的西面是法国占领地，再远处还有德国、意大利的占领地。大街上教堂林立，英美烟草公司的“哈德门”“大婴孩”“红锡包”等香烟广告，日本的“仁丹”“大学眼药”“老笃眼药”等广告随处可见。商场柜台中展示着琳琅满目的外国商品，而国产商品却不见踪影。海河边上停靠着英、法、美、日等国的军舰。看到这些景象，范旭东心中很不是滋味，只好默默地向大沽口一带的海滩走去。

过了军粮城，映入他眼帘的却是另外一番景象：每一块荒地都是白花花的盐碱地，不长树木，也没有花草，只有几个破旧的渔村，房屋都被战争摧毁，几无人烟，一片荒凉。

塘沽自古以来就是我国重要的海盐产地，地理位置得天独厚。宽阔平坦的泥质海滩可以大规模制盐，风多雨少的大陆性季风气候适合采用滩晒法。每年春夏之时，南风便吹动绞引海水的风车，灌入盐碱地改的方田，通过自然蒸发便可以晒制成粗盐。塘沽有丰富的海盐资源，京奉铁路和海河码头提供了便利的运输条件，东北的唐山煤矿又有丰富的煤炭资源，原料、交通运输均有良好的条件，可见是绝佳的盐化学工业基地。

看到眼前广袤的盐碱滩、晶莹的盐坨、苦难的盐民，范旭东感到必须改变现状，运用自己所掌握的近代化工知识，通过实业救国。强烈的使命感驱使他在“工业救国”的道路上一直走下去。

盐场上的风车

筹办盐厂

建造盐厂，首先应攻克技术难题。当时中国使用的都是土法制造的海盐、土盐、硝盐，这些盐的氯化钠含量都不高，而且含有杂质，就连食用都达不到国际标准，更别提用于工业生产了。范旭东只好先自己解决技术难题，在渔村租借了一个小屋，特意定制了两用桌，白天他在桌子上进行化学实验，晚上展开桌边的折叠板就可以当床睡觉。每当实验进行不顺利、心情烦闷的时候，范旭东就走出小屋，在外面的沙滩上接受海风的吹拂，思绪也随着海风在宇宙间遨游。他想到占据地球表面70%的海洋往往被人类忽略，其实海洋中蕴藏着无限宝藏，除了盐之外，还有很多矿物质，只有没远见的民族，才不重视海洋。由于没有技术可以借鉴，只能通过实验去尝试，范旭东一遍一遍地将粗盐化成盐水，运用各种方法去除杂质。经过无数次的实验，终于将氯化钠的纯度提高到90%，制成了雪白的精盐。

技术问题解决后，下一步面临的就是资金筹措。为中国第一座精盐厂的建立，范旭东和哥哥范源濂到处奔走，拜访各界名流，宣传实业救国的道理，终于得到大家的赞同。大家倾囊相助，多则2000、少则100，共筹得银圆5万两。久大精盐厂的一位员工回忆道："范旭东那时每天早上起来就给那些认了股的股东打电话，通知对方，公司要派人去收股款，然后自己便按着街道的远近逐一步行去收，像收电费一样，经常在别人家的门房等半天，结果被通知下回再去。"可见其筹措资金的艰辛。

范旭东募得资金买下通州盐商开设的熬盐小作坊，开始筹建精盐公司，与当时盐务署顾问、《盐政杂志》主编景韬白商议，在其兄范源濂和师友梁启超等人的支持下，

1914年7月20日申请立案，同年9月22日批准，设厂塘沽。范旭东希望工厂能在中国的化工业大有作为，长久地开办下去，于是将新盐厂定名为“久大精盐厂”。

久大在塘沽购买了13.5亩土地作为工厂用地，1915年6月，建筑工人就在塘沽海滩建造厂房，机器轰鸣，人声鼎沸，原来荒凉的盐碱地上一片生机勃勃的景象。范旭东亲自到日本去购买盐厂所用的机器，与上海求新工厂制造的机器零件一起安装在新的盐厂里。

1916年4月6日，久大精盐厂竣工投产，后来分为西

久大精盐西厂

厂和东厂两个厂区，生产出了雪白的精盐，商标定名为“海王星”。一是因为在苍茫的星海中，范旭东非常喜爱海王星，海王星一直围绕太阳旋转，寓意着久大精盐厂是为人民造福的企业；二是《管子》中有一句话叫作“海王之国，谨正盐策”，意思是靠大海资源成就王业的国家，要注意征税于盐的政策，正好与久大所生产的精盐有关系。中国人民食用粗盐、土盐的历史终于结束，翻开了中国制盐史上新的篇章。

◎**小贴士**

精制盐方式：粗盐中含有少量的镁、钙等杂质，想要去除这些杂质，只能采用化学方法将镁离子与钙离子以石膏结晶的形式析出。即先用适量的石灰将粗盐溶于水池，将粗盐中的污泥沉淀并形成饱和盐卤，再流入澄清池，澄清池中的石灰乳可将粗盐中的铁化物沉淀，将过滤后的盐水放入铜锅中熬煮，结晶析出的盐就是精盐。

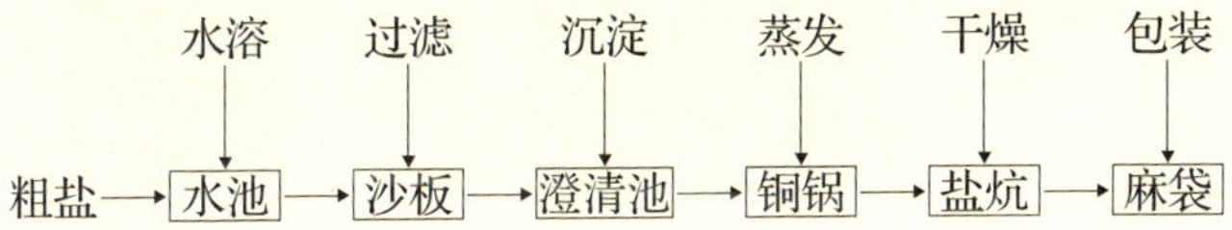

精制盐工艺流程

久大精盐东厂

久大精盐厂生产场景

盐商斗争

古代中国食盐的销售权掌握在盐商手里，这些盐商有朝廷发给他们的引票。这些引票是盐商手中的王牌，每张引票上都规定了销售的指定区域，盐商在他的地盘里有专卖权，别人不能插手，否则被定性为贩卖私盐。在这种垄断制度之下，盐农晒出的盐只能卖给指定的盐商，盐商便乘机压低价格，获取极大的利润，因此这些盐商大都家底殷实。天津有一位姓查的盐商，在南运河南岸建造了一座名为水西庄的园林，园内雕梁画栋、奇花异草、曲径通幽，非常豪华漂亮，成为曹雪芹《红楼梦》中大观园的创作原型之一。虽然到了民国，但是传统的售盐制度仍然没有改变。当这些盐商看到久大精盐厂中不断生产出来的“海王星”牌精盐，一个个都非常生气，极力阻挠。精盐的生产必须有粗盐作为原料，于是盐商就不允许盐农将自己生产的粗盐卖给久大，否则没收全部产业。幸好一位叫李少堂的灶户将自己全部的盐滩和房屋、设备都卖给了久大精盐厂，生产才得以继续。

解决了原料问题，销路又成新的难题。盐商运用手中的权力促使盐务署发文，规定久大精盐厂只能在天津东马路销售，久大的发展又受到很大的威胁。于是范旭东找到杨度，他既是范旭东的老乡，又是久大精盐厂的股东，定然不会对久大的困境坐视不管的。杨度找到手握重权的袁世凯，将贴有海王星标志的精盐瓶递给袁世凯，袁世凯见到瓶装精盐赞叹不已，此时杨度乘机说：“可是盐务署只允许在天津东马路一带销售，这……”袁世凯陷入了沉思，大量销售精盐就要打破引岸制度。杨度又说道：“……眼下人心不稳，咱们应该多笼络人心，尤其是工商界的人士。”袁世凯一听：“好，给他五个口岸！”

然而这些通商口岸的旧盐商一听说久大精盐厂想在两湖一带销售精盐，就成立了一个淮南公所，联合查禁“海王星”精盐，与范旭东的精盐公会抢地盘。双方的对抗传到赣北镇守使吴金彪的耳朵里，他协助成立了精盐查运所，成为久大的保护伞，久大终于在长江口岸占领了一席之地。

满载久大精盐的船队从塘沽起航，一直向南，终于驶进了长江口。此时等在南京饭店楼顶的范旭东，将手中的鞭炮点燃，在噼噼啪啪的响声中，他热泪盈眶，这一刻实在等得太久了。

四　一个好汉三个帮——永利碱厂的智囊团

洋碱倾销

中国人一直以来食用的是天然碱，是将天然的土碱加水熬成碱水，然后将泥土等杂质过滤掉，再次高温蒸发凝结成碱块。这种土碱大都是在张家口生产的，因此又被称为“口碱”。但是在运输的过程中不免沾染尘土，因此杂质含量较多，不仅食用起来口感不好，而且无法用于工业生产。此时，国外生产的雪白的纯碱乘机打入中国市场，为了与中国自产的碱相区别，称之为“洋碱”。

“丁零零……”街上传来一阵清脆的铃声，行人们都好奇地停下了脚步，看到一位金发碧眼的传教士正在兜售《马可福音》，笑眯眯地说道：“仁慈的主啊，请你把福音降到中国这片土地上吧……”这位传教士是英国人，却给自己起了一个中国名字——李立德，他手里拿的《马可福音》是《圣经·新约》的一部分。然而他身后的人挑着的那一担洋碱才是他引人注目的真正目的。李立德是卜内门公司驻中国上海总公司的经理，借向中国人传播基督教的同时宣传洋碱的好处。当行人驻足观看，他便用洋碱当众表演，酸性物质一加上他手中的洋碱就中和了，而且用洋碱蒸出的馒头非常白净香甜。因此，卜内门公司生产的洋碱迅速占领中国市场，不仅普通家庭购买，大多数化工企业也需要纯度高的洋碱作为生产原料。

试制纯碱

1914年，第一次世界大战爆发，交通阻隔，国外生产的洋碱无法运输到中国来。此时经销洋碱的商店、洋行乘机哄抬碱价，囤积货物，引起食品业界和工业界的恐慌，许多以洋碱为原料的民族工业不得不减产、停产，甚至破产，中国的工业笼罩在巨大的阴影中。

范旭东得知洋碱中断的消息，不由得心潮起伏。建立中国人自己的制碱厂，一直是范旭东想做的事情。在欧洲考察盐务的时候，范旭东也考察了欧洲的制碱厂，得知精盐可以制造纯碱，久大精盐厂也是为碱厂的建立准备的，但是苏尔维制碱法却被严格保密。范旭东也曾想和苏尔维公司合作办碱厂，但是对方却提出了难以接受的苛刻条件。没有掌握核心技术的中国化学工业道路该如何走下去?

在范旭东一筹莫展的同时，苏州也有一群热血青年想要建立中国自己的碱工业。在苏州开办瑞记汽水厂的吴次伯见市场上纯碱匮乏，并且听说纯碱需要的原料与汽水的原料相同，都是碳酸气，就想要开办碱厂。但他对制碱完全不懂，于是找到正在东吴大学任教的陈调甫。陈调甫曾经在实验室中制造出少量的纯碱，纯度高达99%，完全可以与洋碱媲美。同时吴次伯还找到上海大效铁工厂厂长兼总工程师王小徐共建碱厂，王小徐是留学英国的数理学家，对数学、电工学、机械学了如指掌。在吴次伯家，三位热血青年商议，由吴次伯出钱、王小徐设计、陈调甫主持，利用碳酸气做一个小型的制碱实验，用氨碱法试制纯碱。经过3个月的昼夜奋战，实验成功。但是根据陈调甫的报告，王小徐的测算，真正建立碱厂需要购买大型机器设备，还需出国考察国外先进的工艺，所需资金巨大，绝非吴次伯一人能承担。在张謇的指引下，三人前往天津去找同样想建立制碱厂的范旭东。

陈调甫

1917 年初冬，天津第一场雪刚刚落下，三位内心非常激动的年轻人走在洁白的街道上，向范旭东家走去。在天津太和里范旭东寓所，他们见到了平易近人的范旭东，四人像久别重逢的朋友，畅谈中国制碱工业的未来。范旭东非常激动地说道：“太好了，化学硕士陈调甫、数理学家王小徐、汽水大王吴次伯，为了中国的碱，咱们攥成拳头一起干！”

◎**小贴士**

陈调甫（1889—1961）：江苏苏州人，自小在家庭的熏陶下，养成热爱读书的好习惯。1916 年毕业于东吴大学化学系，留校任教并从事化学研究工作，1917 年获得硕士学位，这是我国在国内培养的第一位化学硕士。陈调甫除了帮助范旭东建立永利碱厂、永利铔厂、黄海化学工业研究社之外，他还有一个称号叫作“油漆大王”。在青年时代，陈调甫就著有《国宝大漆》，1929 年，在天津河北区成立了永明油漆厂，物美价廉的“永明漆”获得了国民政府颁发的奖状。

陈调甫最大的爱好就是读书，他在永利碱厂时就是图书馆的常客。有一次去天津图书馆看书的时候，太过入迷以至于忘记了时间，而工作人员也没有发现他在图书馆里，午休的时候竟然将他锁在馆内，下午上班的时候他才被放出来。事后，他对别人说：“今天中午我被锁在图书馆里，正好多读了两小时书。”

范旭东考虑到之前陈调甫做实验用的是南方生产的盐，建议用天津长芦盐场生产的盐再试验一下是否可行。于是王小徐负责设计图纸，陈调甫按照图纸委托铁工厂制造了一座2米高的白灰窑、小型吸铵塔、碳化塔等设备，在范旭东天津日租界太和里的家中多次实验，终于取得成功。实验的成功对于大家是极大的鼓舞，更加坚定了创办碱厂的信心和决心，他们将碱厂起名为“永利”，希望碱厂能够永远顺利。

一波三折

实验成功后吴次伯自告奋勇南下招募股款，谁知却一去不复返。原来吴次伯到上海后本来想要劝说富商投资碱厂，结果这些商人纷纷说：“吴老板啊，重工业资金回转太慢，而且都已经有洋碱了，干吗还要费力去建造碱厂呢？”富商们都不愿意投资，吴次伯知难而退，直接回苏州了，再也没有回到塘沽。

制碱的主要原料是盐，粗盐每担两角，但是政府要抽几十倍的盐税，导致制造碱的成本非常高。范旭东向北洋政府申请用盐免税，但是申请却如泥牛入海，一直渺无音讯。用盐免税一时半会儿申请不下来，碱厂就无法正式成立，王小徐只好先回上海。临走的时候他对范旭东说：“日后碱厂建立，有需要小徐的地方，只管招呼，为中国碱厂，我甘愿效力。”

陈调甫看到碱厂一时半会儿也无法建成，决定去国外深造。范旭东一直把陈调甫送到轮船的甲板上，语重心长地说道：“调甫，你出国留学我很赞成，但是希望你能早日学成归来。碱厂的建立关系到中国工业的未来，你到美国后有空考察一下国外的制碱工艺和制碱设备，完成碱厂设计任务，并物色化工人才。我们在中国等你，中国的化学工业也在等你。”陈调甫深感责任在身，坚定地点点头。范旭东望着远去的船只，心中怅然若失。碱厂现在陷入了困境，没有资金，没有技术，没有人才，他怔怔地望着海面陷入沉思。

“范旭东，你怎么在这儿？”这一声惊呼将范旭东的

◎小贴士

李烛尘（1882—1968）：湖南永顺人。我国著名的实业家。1912年考入东京高等工业学校，学习电气化学，1918年毕业后进入久大精盐公司任技师一职。与其他知识分子和技术人员相比，李烛尘更善于经营管理，因此1920年被任命为久大精盐厂厂长，1921年建议筹办专门的研究机构，黄海化学工业研究社因此成立。1946年初，进行“永久团体”的复员和永利、久大两厂被劫占的收复工作，1968年在北京去世。

思绪拉回现实，他回头一看惊喜地喊道：“李烛尘，是你，你回国了？”“是的，我从东京工业大学毕业了，你离开日本的时候，咱们约定好：和衷共济，各用所学，开办工厂，振兴民族工业，挽救国家危亡……”李烛尘微微一笑回答道。范旭东那颗火热的救国之心又被希望点燃了。

李烛尘

柳暗花明

陈调甫到美国后进入伊利大学研究院，成为美国化学会会员。在学习进修之余，他依然在为永利碱厂的创立而奔走。他的指导老师向他介绍了美国的制碱专家梯泼尔，在纷纷扬扬的大雪中，陈调甫深一脚浅一脚地按照老师给的地址找到梯泼尔的住处。见到这位专家后，陈调甫谦逊地说道：“学生陈调甫，专程拜访您，是想向您请教制碱工艺上的事情。”梯泼尔反问道：“我不太明白，中国人为什么要制碱啊？”陈调甫认真地回答：“主要是用于玻璃、肥皂、纺织等工业，此外，我们还用它做馒头、大饼等食物。”谁料，梯泼尔哈哈大笑：“怪不得中国人脸色发黄，原来是吃了太多的碱的缘故。”陈调甫感觉受到了侮辱，拂袖而去。

梁启超继任财政总长后，盐务署终于通过了农工业用盐免税条例。看到希望的范旭东亲自募集资金，重新组织力量，所幸久大精盐厂的成功使得大家对范旭东非常信任，他很快得到银行家、议员、盐商等人的支持。1918 年，范旭东在天津召开了永利制碱公司创立会，决定招募银圆 40 万。随后收到农商部批令，特许工业用盐免税 30 年，在塘沽方圆百里内，别人不允许再建设碱厂，并且公司股东只能拥有中国国籍。1920 年永利碱厂召开第一届股东会，

永利碱厂办公楼

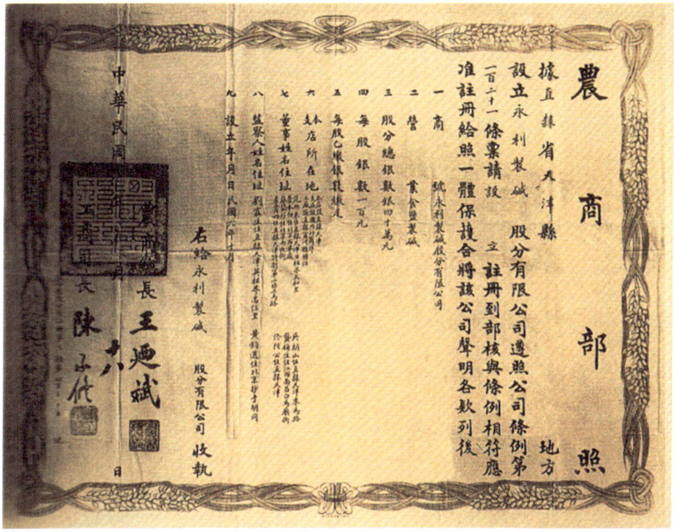

永利制碱股份有限公司执照

将公司设在天津法租界11号路8号，同年农商部批复永利制碱股份有限公司执照。

范旭东的哥哥范源濂将同是湖南人的纽约华昌贸易公司总经理李国钦介绍给范旭东，并委托他为永利碱厂代购机器。李国钦感慨于范旭东的远大志向，只收取2%的最低手续费。但是各国的制碱工厂对技术保密得非常严格，机器都是各个工厂自己设计制造的，李国钦没有办法买到全套的设备，也就是说永利碱厂必须自己设计制碱机器，那么设计图纸呢？

范旭东将一封饱含期望的信寄往纽约，请陈调甫与李国钦联系，无论有多大困难，也一定要设计出机器的制造图纸。陈调甫在李国钦的帮助下，到处走访美国碱业界人士，无奈均遭到拒绝。陈调甫在报纸上看到有一则愿意代人设计碱厂的广告，就在化学所俱乐部约见这位马叙逊碱业公司前厂长——孟德。经过一番商议后，孟德报出 2 万美金的设计费，一分不降，陈调甫本想拒绝此次合作，但是想到范旭东在来信中写道：“无论如何，一定要把设计搞出来，多花费些时间、金钱不要紧，塘沽的碱厂只等你的设计了。”只好咬牙和孟德签订了设计碱厂的合同。然而孟德其实并没有设计，而是仿照美国马叙逊碱厂的设计图绘制而成，陈调甫请他结合永利碱厂的实际情况修改，孟德说：“修改的地方，你负责，我不负责。”两人不欢而散。

五　你是什么颜色？——蓝领工程师

制革专家

陈调甫回国时不仅带回了碱厂的设计方案，还为范旭东物色了一位出色的人才——侯德榜。原来在找到孟德之前，李国钦曾向陈调甫介绍了在华盛顿玻璃厂工作的法国工程师杜瓦尔，因为杜瓦尔说他曾经在法国兴办碱厂和玻璃厂，都取得不错的成果，于是陈调甫委托杜瓦尔设计碱厂。但是杜瓦尔白天在华盛顿玻璃厂工作，只有晚上才有时间为永利设计碱厂，进展缓慢。心急如焚的陈调甫便委托李国钦找几位留学生在暑假协助杜瓦尔的设计工作，侯德榜便是这几位留学生之一。在工作中陈调甫发现这位学生非常认真，而且对于化学工业颇有见地，便将他推荐给了范旭东。

侯德榜1890年出生于福建闽侯坡尾乡，6岁时便跟随祖父读书写字，17岁进入上海闽皖铁路学堂学习，21岁时被北京清华学校录取为留美预备学堂高等科学生，23岁从清华学校毕业，被派往美国麻省理工学院学习化工科，1916年获得学士学位。毕业后侯德榜便在美国东部的水泥厂、硫酸厂、炼焦厂中实习，从实践中补充自己的知识。1917年，进入哥伦比亚大学研究院研究制革，1919年获得硕士学位。1921年6月，侯德榜在哥伦比亚大学完成了《铁盐鞣革研究》，获得化学博士学位。

刚刚完成论文答辩的侯德榜突然接到一封来自天津塘沽的信，这封信是范旭东所写，邀请他担任永利制碱公司的工程师。范旭东在信中详细叙述了纯碱对中国工业的重要性、外国公司对制碱技术的垄断、洋碱充斥整个中国市场、塘沽得天独厚的制碱条件。信中还提到陈调甫对侯德榜的真诚推荐以及范旭东本人对他的热切盼望，

侯德榜

希望他学成回国后能够为中国的化学工业而共同奋斗。

侯德榜拿到这封情真意切的邀请信，心中的激动久久不能平息。通过陈调甫他已经了解到范旭东实业救国的决心，并被他百折不挠的精神所打动。只是他一直以来所学的专业都是制革，尤其是他的博士论文更是为中国的制革业所准备的。侯德榜望着宿舍外的月亮怔怔地发呆，他所热爱的制革和祖国需要的制碱，就像是天平的两端，他该如何选择呢?

此时，传来轻轻的敲门声，侯德榜才想起来制革厂的厂长雷纳先生约好晚上九点来找他。雷纳厂长进门后说道："祝贺您取得博士学位，从明日起您就被聘为纽约州制革厂的工程师了，除了聘金外，我们还会为您准备一套公寓，提供一部专用轿车，您可以接来您家人，永远定居在美国。"侯德榜感激地说道："谢谢。""那我们明天在餐馆见了，我将为您准备欢迎酒会。""不，雷纳先生，您给我的条件十分优厚，但是非常抱歉我不能接受。"雷纳先生惊讶地说道："为什么？"侯德榜缓缓地说道："因为我热爱我的祖国，她现在还需要我的帮助。"雷纳先生理解了他的一片赤子之心，真诚地说道："祝您和您的事业一帆风顺！"

1921 年 10 月，侯德榜毅然离开美国回到祖国。

艰难建设

拿到设计图纸后，范旭东和陈调甫秉承节约的原则，决定可以在国内制造的机器设备一律自制，不能自制的从国外采购。陈调甫委托李国钦在美国购买了锅炉、汽机、发电机、压缩机等机器，并按照废钢价购买了一架旧刨床，以 1000 美元成交，是原价的 5%，这台刨床直到 20 世纪 50 年代末还在铁工车间发挥作用。范旭东则将图纸交给王小徐所办的上海大效铁工厂制造，虽然该厂成立不久，规模很小，设备也很简陋，但是通过上一次的接触，范旭东认为王小徐有学者风度，便将此重任交给他。

王小徐看到是为中国自己的碱厂制造设备，没有畏难退缩，尽管在生产的过程中遇到了很多难题，但是他都一个个解决。他对范旭东说道：“永利碱厂所需要的机器都属于大型机器，加工工艺要求之高在国内排名第一，大效铁工厂停止一切加工订单，对永利碱厂的设备全力以赴，保证质量，一定要造出合格的机器，为建立中国化学工业而努力。”如铁水的温度不够，造出的大圈铸件砂眼特别多，王小徐便回炉重铸，直到合乎质量。工厂的机器不够，就采用“蚂蚁啃骨头”的方法加班加点干活，尽量加快速度。用了整整两年时间，终于将所有生铁制造仪器、碳化塔、蒸氨塔铸造完毕。

永利碱厂于1919年破土动工，占地约300亩。兴建的主要厂房中，有两座钢筋水泥高楼，这就是制碱的心脏——蒸吸厂房（北楼）和碳化厂房（南楼）。南楼高达9层，北楼高达11层，被誉为“东亚第一高楼”。塘沽本来就是盐碱地，地基承重力低，而且中国当时还没有建设大型高层厂房的经验，因此建筑工程师和建筑工人都只能在建设过程中摸索，建造缓慢。南楼碳化厂房旁边有一座烟囱，有人见烟囱一直没有冒烟，就开始说风凉话，说最好将碱厂改为冷饮店，在高楼上招待客人吃冰激凌，一定是非常凉爽的。

陈调甫回到中国后，便接手永利碱厂的工作，全面主持基础建设、设备运输和安装工作。由于交通运输困难，

蒸吸厂房和碳化厂房

建设中的碳化厂房

制好的机器在运输途中屡次出现意外。一次由上海天通庵铁厂送到码头的大圈落入河中，几十名工人跳入河中费了很大劲才打捞上来。有一次因放在码头的铸件太过笨重，把码头压坏，当时的法国巡捕房要求永利赔偿。陈调甫在天津、塘沽、上海之间来回奔波，辛苦异常。机器运到塘沽后在太古码头卸货，太古码头距离永利碱厂有十几里，没有专用铁道，只好将几十根圆木作为铁轨，工人们依靠自己的肩膀一寸一寸将机器挪到碱厂。

从福建老家赶到塘沽的侯德榜见此情景，二话不说，脱掉外面的西装，穿上蓝色的工作服，和工人们一起帮忙。远处工地上的范旭东听到了这边的吆喝声，看到一位圆脸庞的年轻人和陈调甫在一起，他猜想应该是侯德榜博士，于是连忙过去。这两位曾通过书信交流的志同道合的朋友终于见面了。这次相见是中国制碱工业史上值得载入史册的一幕，两人一见如故，决心共同建立中国化工工业。

碱厂遇故友

三个人在工房里谈得热火朝天，侯德榜就中国的化学和制碱工业的发展，说了很多自己的看法："化学工业，要凭借有形的机械力量，制驭无形的化学变化，工艺过程极其微妙，因此机器设备更加复杂，更要精细，工程设计是否得法，机器设备是否精良，这是制碱成败的关键，搞得好，就会后来居上，压倒卜内门，称雄于世界化工行业，搞不好，就会永远呻吟于落后的不利地位。"侯德榜的精辟见解使范旭东颇为振奋，他高兴地对陈调甫说："调甫，你可真是慧眼识英才，荐贤有功，应该受上赏。""范兄，我不要赏。我希望能充当催化剂，发生化学作用。对永利事业有利，就是我的成功。"陈调甫恳切地对范旭东说。

三人正谈得高兴，突然推门进来一位金发碧眼、穿着蓝色工作服的外国人，他一看到侯德榜就高兴地说："侯先生，您终于回来，太好了。"这位外国人正是侯德榜介绍给陈调甫的美国著名碱厂的机械工程师李佐华（G. T. Lee，中文名为侯德榜所起），他 1922 年来到永利，被聘为工程师。李佐华曾经在美国碱厂工作多年，提出很多技术改进意见，成效卓著，老技师却妒忌他的才能，找机会将他排挤出厂。侯德榜向他讲述中国制碱业的艰难发展以及范旭东迎难而上的事迹，李佐华被范旭东的坚韧和气魄所打动，同意来中国帮助范旭东建立碱厂。永利碱厂建厂初期极缺乏有经验的技术人员，李佐华到碱厂后以他多年的经验和现代管理方式，指挥复杂管线的铺设和大型设备的安装，在现场指导操作，为永利碱厂培养出第一批技术人才。这次在碱厂再次相见，他们二人都显得非常激动。

范旭东（中）、陈调甫（左）与李佐华（右）在北京汤山合影

“李先生，你好啊！”侯德榜愉快地说道，同时上下打量了一下穿着工作服的李佐华，笑道，“你怎么穿蓝领工作服？”

范旭东解释道：“李先生一直忙于碱厂的前期建设工作，从早到晚围着机器转，经常和工人在一起操作安装，为了方便就穿着工人的工作服。”

李佐华也笑着说：“我是实际工作者，不是戴白领的绅士。你侯先生不也穿着工作服吗？”

“好，李先生不愧为实干家，白领留到我们喝庆功酒时再戴吧！”侯德榜高兴地拍了拍李佐华的肩膀。此时，四个人不由得开怀大笑，憧憬着这美好的未来。

◎小贴士

李佐华（G. T. Lee）：美国南北战争时名将罗伯特·李将军之后，1922 年来到中国协助建立永利碱厂，1928 年永利碱厂生产全部正常，李佐华聘期已满，7 月份举家回到美国。回到美国后李佐华念念不忘在永利的这段生活，1931 年又再次回到永利碱厂工作。但是 1936 年中日关系紧张，战争一触即发，美国政府通电所有侨民回国，李佐华只好在 11 月回到美国。1945 年抗战胜利后，李佐华再次来中国协助南京硫酸铔厂的恢复工作，直到 1948 年才离开，这是他最后一次来到中国。李佐华为永利碱厂的建设贡献了毕生的精力。

六　百折不挠——用盐征税风波

用盐征税

永利碱厂即将出碱的消息传遍大街小巷，人们高兴地奔走相告:“永利就要生产出纯碱了,再也不用吃洋碱了！”此时身在北京的盐务稽核总所英籍会办丁恩听闻此消息却瞪大了眼睛：中国真的要制造出纯碱了吗？不行，必须阻止。丁恩立刻将这一消息报告给英国政府，并制定出《工业用盐征税条例》,条例中规定:制碱用盐每百斤纳税2角，也就是说制碱一担须负担盐税4角。

为什么一个盐务稽核总所的会办有如此大的权力？这就要从中华民国初创时期说起。刚刚就任中华民国大总统的袁世凯急需资金来巩固自己的统治地位，于是和英、法、德、俄、日五国签订了《善后借款合同》，以盐税、海关税作为抵押，借款2500万英镑，年息5厘，47年还清。虽然合同附录中写道，将一部分借款用于改良盐务，事实上没有一分钱用于改良中国的盐务，反而根据合同的规定设立盐务稽核所，由借款的五个国家派人监督，保证借款的本金和利息到期能如数归还。

北洋军阀政府在盐务署内设置了盐务稽核总所，署长名为总办，主管行政，由中国人担任。会办主管税收，是盐务的关键，却由外国人担任。虽然盐务稽核所隶属于财政部，但是实权却落在外国人手中。除在北京设立盐务稽核总所之外，全国各产盐区设盐务稽核所，永利碱厂就归属长芦盐务稽核所管辖。

◎小贴士

盐务稽核所：1913年，袁世凯以办理善后为名，向英、法、德、俄、日五国银行团借款，依其附带条件设立。稽核总所设在财政部盐务署内，以盐务署署长兼任总办，洋员一人任会办兼盐务署顾问，实权掌握于洋员会办手中。各产盐省区设分所，各销盐省区设稽核处，其主管均华、洋并用。盐务稽核总所第一任会办为英国人丁恩。第一次国内革命战争时期，曾裁撤广东分支各所，北伐军势力所至之处，各所也停止行使职权。1927年，盐务稽核所逐步恢复，除稽核总所南迁外，其他一切照旧。1936年改盐务署为盐务总局，盐务稽核所仍为其附属机构。

丁恩是盐务稽核总所的第一任会办，他向盐务署施加压力：“必须马上公布《工业用盐征税条例》，否则，哼哼。”并且封闭了长芦盐坨，从原料上控制永利碱厂的生产。

继续抗争

范旭东得知这一消息，气得浑身发抖，立刻给稽核分所去函，据理力争。早在筹建永利时期，为了降低成本，范旭东就向政府申请了用盐免税。1917 年 10 月，盐务署第 1415 号训令暨长芦盐运使第 338 号训令送到永利，同时长芦盐务稽核所在 1918 年也将公文下发给永利，特许用盐免税 30 年，通知永利碱厂尽快拟定用盐办法。但是此后永利碱厂一直处于筹办期间，还没有生产出纯碱，因此这用盐免税的优惠政策还没有享用。此时却接到长芦盐务稽核所的公函和长芦盐运使 398 号训令，取消免税原案，

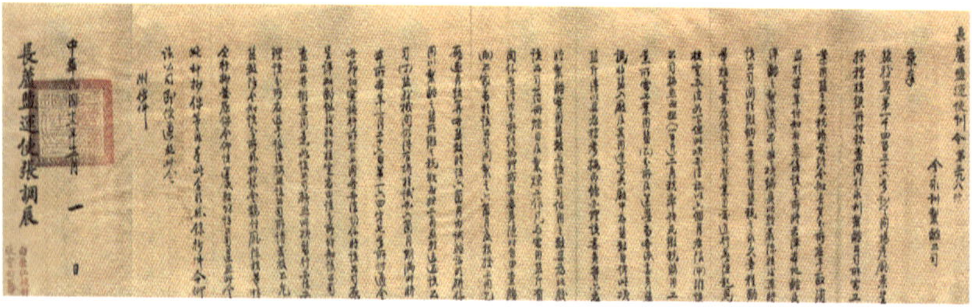
長蘆鹽運使訓令第三九八號

令永利製鹼公司

長蘆鹽運使張調辰

长芦盐运使 398 号训令

工业用盐需要先行付税。永利刚刚建厂，如何承受得了这沉重的盐税。

得到消息的陈调甫、李烛尘、侯德榜纷纷赶来，他们看向范旭东的目光充满鼓励和期盼。范旭东冷静下来，重新振作起来，虽然满腔义愤，却也不得不尽快寻求解决办法。他聘请天津著名律师刘崇佑就取消用盐免税案进行上诉，同时给盐务署上书恳请维持制碱用盐免税原案。范旭东在申请书中写道：一从法律角度来看，政府不应该取消永利的用盐免税政策。用盐免税条例既然已经批准，除非国家的根本法律变更，否则政府不应该取消原来的定案而侵害人民的权利。稽核所取消用盐免税条例的理由是永利碱厂成立后一直没有开工生产，事实上，永利碱厂自成立以来，派人到美国调查设计图纸、采购机器，在塘沽考察选址、建造厂房，这五年中虽然没有生产，却一直在筹备建厂中，不经历这个过程是无法开工生产纯碱的。二从事实来看，政府更不应该取消公司的免税权。制碱工业是化学工业之母，各个国家都大力扶持，目前英国卜内门公司垄断了世界碱业，我国的市场上也到处充斥着卜内门公司的洋碱，而它的原材料盐的价格每吨约合 4 角 5 分，永利碱厂使用的长芦盐却每吨 3 元 2 角。当时申请用盐免税的时候，市场上每担碱的价格是十二三元，现在每担大约 4 元左右，将来永利碱厂生产出纯碱后，由于有洋碱的竞争，碱的市场价会更低。如此对比来看，永利碱厂本来就面临着高成本低售价的困境，如果按照目前的新规定每担碱收税 2 角，成本超过售价，永利碱厂更无法生存了。

在范旭东的据理力争之下，各方多次协商后，终于取了一个折中的办法：永利碱厂制碱用盐先预付每担纯碱 2 角的税洋，每六个月后政府再将此税款返回给永利碱厂。这样永利碱厂才得以顺利发展下去。

用盐免税

永利碱厂顺利出碱之后，不仅打开了国内市场，同时还在国际上享有声誉。借此势头，范旭东每隔一段时间就向政府继续申请“用盐免税”，终于在 1929 年，工商部部长孔祥熙签署的“工商第 1156 号训令”送到永利：鉴

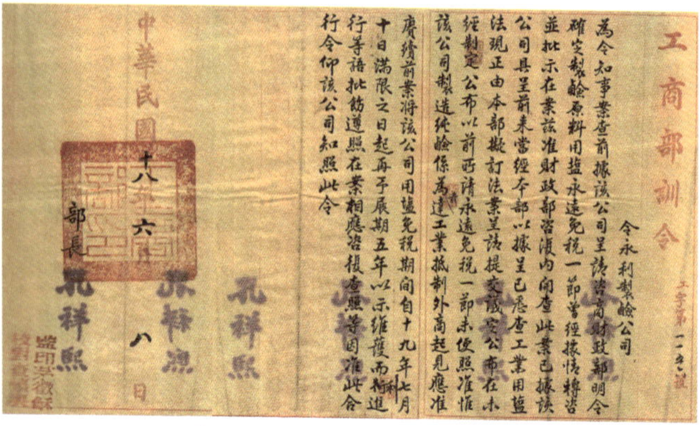
工商部訓令
工字第一一五六號
令永利製鹼公司
為令知事案查前據該公司呈請咨商財政部明令確定製鹼原料用鹽永遠免稅一節當經據情轉咨並批示在案茲准財政部咨復內開查此案已據該公司具呈前來當經本部以據呈已悉查工業用鹽法現正由本部擬訂法案呈請提交議定公布在未經制定公布以前所請永遠免稅一節未便照准惟該公司製造純鹼係為達工業抵制外商起見應准賡續前案將該公司用鹽免稅期間自十九年七月十日滿限之日起再予展期五年以示維護而利進行等語批飭遵照在案相應咨復查照等因准此合行令仰該公司知照此令
部長 孔祥熙
中華民國十八年六月八日

工商第 1156 号训令

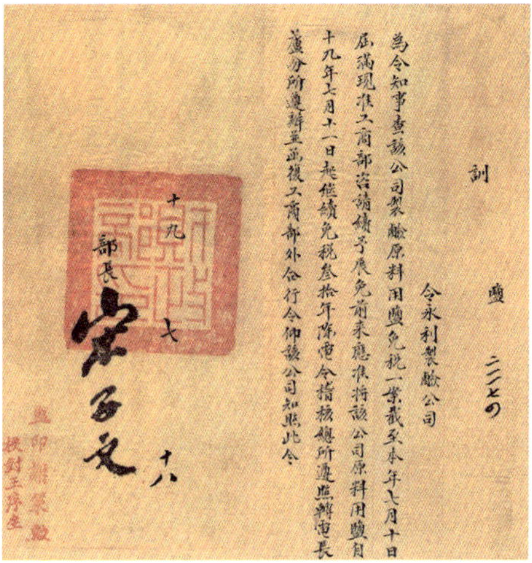
訓 鹽 二一一七四

令永利製鹼公司

為令知事查該公司製鹼原料用鹽免稅一案截至本年七月十日屆滿現准工商部咨請續予展免前來應准將該公司原料用鹽自十九年七月十一日起繼續免稅叁拾年除電令稽核總所遵照轉電長蘆分所遵辦並函復工商部外合行令仰該公司知照此令

部長 宋子文

十九 七 十八

21174 号训令

于永利制碱厂已成为发达工业，为了抵制外商，同意范旭东所提出的请求，对于永利碱厂制碱用盐免税延长五年。

然而好景不长，永利碱厂半年后又收到长芦盐运使第652号训令，其中写道，永利碱厂自成立以来不断发展壮大，获利颇丰，应该按照工盐税率每担纳税2角。面对这一突发情况，范旭东没有气馁，继续向政府部门申诉，同时联合在政府部门任职的股东向部门负责人反映情况，经过不懈努力，终于有了结果。1930年国民政府财政部部长宋子文签批第21174号训令：遵照原案，永利碱厂自1930年7月11日起用盐免税30年。至此，经过长达13年的斗争，永利碱厂的用盐免税终于取得圆满的胜利。

七 迎难而上——克服重重困难

安装设备

侯德榜的到来，无疑助了范旭东一臂之力。范旭东当即委任侯德榜负责建筑、安装、技术工作，李烛尘负责碱厂的经营、管理工作，陈调甫担任制造部长，协助碱厂的基建工作。范旭东自己则在天津主持永利制碱公司的对外事务，也到塘沽检查和指导建厂工作。

国外采购的机器与国内加工的设备全部到位后，永利碱厂的建设工作和机器设备安装工作全面开始，机器轰鸣，人声鼎沸，大家都在永利碱厂的工地上忙个不停。初具规模的碱厂，一派紧张、繁忙的景象。

永利碱厂采用当时最先进的苏尔维法制碱，其制碱原理并不复杂，以食盐、氨气、石灰石为原料，通过化学反应，

范旭东查看永利施工现场

碱厂使用的滤碱设备

就能得到碱。然而，苏尔维法制碱的工艺流程、机器设备比较复杂，难以掌握，因此各国对此工艺都严格保密。范旭东、侯德榜、陈调甫等人在没有制碱专家指导的情况下，自己探索制碱技术，所付出的代价是超出常人想象的。苏尔维制碱法工艺流程共分为化盐、烧灰、吸氨、碳化、煅烧、蒸氨、动力七个主要部分，各个部分连接成一个完整的系统，如果有一个部分发生意外，整个生产过程就不能正常进行，产品也会受到影响。

刚刚建立的永利碱厂就像茫茫大海中的一叶小舟，随时都会遭到风暴的摧残，即将面临各种各样的技术问题。

蒸氨塔被堵

在侯德榜、陈调甫、李佐华等人的努力之下，永利碱厂的安装工程终于完毕，进入到试车阶段。但是由于大家对制碱都没有什么经验，试车过程中可能会发生什么问题，大家心中都没有底，整个试车完全是在黑暗中摸索。试车先从蒸氨工段开始，当技术人员向蒸氨塔中加入了硫酸铔溶液后，不一会儿，蒸氨塔就突然剧烈摇晃起来，发出隆隆巨响，整个蒸氨塔摇摇欲倒。在场的人从未见过这种场景，一时间不知该如何应对，塔前顿时混乱一片。

此时，侯德榜赶忙呼喊道：“停下！停下！情况危急！”

进液泵停止，进汽的阀门也被关上了，巨大的响声开始慢慢减弱，蒸氨塔也渐渐停止了晃动，最终安稳下来，大家提到嗓子眼的心也慢慢放下来。

确认没有危险后，侯德榜和几个技术人员一起登上30米高的蒸氨塔，他们打开蒸氨塔一个个人孔，只见塔里溢流管道里到处都是白色沉淀，将溢流管道堵得严严实实。原来就是这些东西，堵得蒸氨塔液下不来，汽上不去。

晚上，侯德榜在灯下推演着硫酸铔的浓度和进料速度，他时而凝眉沉思，时而翻阅资料，时而握笔计算，虽然夜深了，但是他没有停下来去休息。而范旭东也没有入睡，他脑海中仍然想着白天的场景，第一天就试车失败让他感到焦虑不安。但是他没有埋怨侯德榜，他想到李佐华对他说道："请不要着急。在我们美国没有一个碱厂一开车即能顺利进行的，必须进行一系列的调试、修改，着实要经过很多的不眠之夜，才能出碱。"

侯德榜和碱厂技师们通过精心研究，终于弄清楚了症结所在。原来国外的碱厂是用炼焦厂的副产品粗氨水作为原料，粗氨水中不含硫酸根，就不会产生硫酸钙沉淀。但是当时中国国内的炼焦厂很少，不容易买到粗氨水，就用进口的硫酸铔来代替，硫酸铔与蒸氨塔中的石灰乳一接触，立刻发生化学反应，形成了硫酸钙沉淀。再加上设计的进料速度太快，短时间内产生了大量的硫酸钙沉淀，很快就把溢流管堵死了，从而发生了故障。之后，侯德榜重新设计，减少了进料量，降低了硫酸锰的浓度，并放慢了进料速度，试车才平稳地进行下去。

蒸吸车间

煅烧炉结疤

在试车过程中，永利碱厂出现了各种各样的问题，侯德榜作为总工程师，身先士卒，在解决各种故障的同时，他也积累了丰富的实战经验。

一天晚上，侯德榜正站在碳化塔的滤碱机前，一边观察机器运转情况，一边吃着晚饭。突然，煅烧车间的工人急匆匆跑来，大声喊着："侯先生，煅烧炉结疤了，把选碱的绞刀都咬住了，赶快去看看吧！"侯德榜一听，连忙放下饭碗就往煅烧车间跑去，此时煅烧炉已经停止工作，技术人员正在商量处理办法。有人认为试车以来煅烧炉经常结疤，这是正常现象。有人建议如果能把炉头的碱疤捅开，使绞刀松动，就可继续运行。

侯德榜二话没说，随手拿起一根铁棒就去刮碱疤，但是煅烧炉里结出的碱疤坚硬异常，不管他怎么用力，丝毫没有松动的迹象。煅烧炉内热气灼人，不一会儿，侯德榜全身都被汗水湿透了，体力不支晕倒在炉前。侯德榜在医院苏醒后，不顾周围人的劝阻翻身下床，离开医院急着找人了解煅烧炉的处理情况。

第二天，范旭东得到讯息，心急如焚赶到塘沽，看到侯德榜不顾休息，正和工程师张佐汤讨论煅烧炉结疤的原因，顿时热泪盈眶。他紧紧握住侯德榜的手，久久无言，心想：永利有侯德榜、陈调甫等这些忘我拼搏的先锋，何愁中国的化学工业不能振兴?

在侯德榜、张佐汤等人的努力下，经过十几个不眠之夜，终于找到了煅烧炉结疤的原因。原来之前做实验的时候使用的是小苏打，但实际生产时使用的是重碱，小苏打是干的，但是重碱中却含有水分。如果能把重碱的水分降

煅烧车间

到10%以下，就会解决现在的结疤问题。于是在后来的试车中，加了纯碱的重碱就顺利通过了煅烧炉，结疤的问题迎刃而解。

红色的碱

在永利碱厂一年多的试车过程中，永利碱厂的工程师、技术人员们，昼夜奋战，慢慢摸索，每前进一步都付出艰辛的努力。通过数百次的调整和修改，永利碱厂终于开工生产了。

1924年8月13日，永利碱厂首次全厂开工试车。永利碱厂的职工、股东们聚集在碱厂的下碱台前，大家都屏住呼吸，期待着从下碱台流出白花花的纯碱。这对范旭东、侯德榜等人来说，代表着事业的成功，代表着六年的心血没有白费，意味着中国化工事业的进步与腾飞。对于股东们而言，白花花的纯碱就是白花花的银洋，他们已经等得太久了。

工程师们和工人们各就各位，侯德榜最后一次检查每一道工序，没有发现什么问题，放心地按动了电钮。巨大的机器启动了，发出一阵阵轰鸣声，慢慢地运输带上开始出现了粉末——碱终于出来了。

人群中已经有人在轻声欢呼：

“出碱了，出碱了！”

然而，出现在人们眼前的并不是想象中雪白的纯碱，而是红里透黑，像锅锈一样的红色的碱。

看到此景，永利碱厂的股东们非常失望，议论纷纷，有的跺脚叹气，有的嘲笑讽刺，有的无奈地摇摇头。大多数股东将矛头转向范旭东，要求碱厂停产、退还股款。面对如此场景，范旭东力排众难，坚持“在开车中谋求技术问题解决”。永利碱厂勉强维持着生产，尽管质量差产量少，但毕竟开工投产了。

八　变个魔术——“红三角”纯碱诞生记

雪上加霜

永利碱厂开工生产几个月来，纯碱的质量时好时坏，红碱的问题也始终没有解决。接着更大的问题又发生了，厂里最后一台干燥锅被烧裂，这样连红碱都生产不出来了，碱厂只能停工。本来在建厂期间，虽然遇到重重困难，但大家都没有灰心，股东们也寄予了很大希望，认为只要碱厂开工出碱，不到一年就能把投入的股金收回来。然而，制碱的失败却将他们的希望化为了泡影。范旭东、侯德榜等人只能默默地接受股东们的指责与唾骂，无力回复。

面对愤怒的股东，范旭东心乱如麻，六年来艰难创业的场景，在他眼前不断闪过，如今碱厂债台高筑，工厂停工，股东抱怨，技术问题不断出现……难道就这样放弃，知难而退吗？不！范旭东心中强烈地否定掉这一想法，他要撑起中国民族化工业自己的一片天空。范旭东决定把永利碱厂继续办下去。

在为永利碱厂召开的董事会上，范旭东认真地分析了碱厂现在的形势。他谈到苏尔维制碱法在技术上的先进性和实际生产过程中的困难程度，并向董事和股东们讲述了目前永利碱厂在制碱技术上已取得的成就和遇到的困难。范旭东在会上强调，烧坏设备，只是碱厂前进中遇到的一个小障碍，这说明还没有完全掌握制碱的奥秘。但是六年来技术人员们运用自己的知识，克服了许多技术上的困难，在这一过程中，永利的制碱技术在一步步发展，向前推进，已经接近成功。如果就此放弃，那么之前的努力就白费了，也意味着永利碱厂破产，中国制碱工业的失败。范旭东希望股东们把眼光放长远一点，为了中国的民族化学工业再坚持一下。他表示，只要董事会能继续给予信任和支持，他就有决心取得事业的成功。

有的股东要求使用外国技师代替侯德榜，认为碱厂未能产出雪白的纯碱，主要原因之一就是侯德榜所学的专业是制革，对制碱工业并不了解。但是范旭东力排众议留下侯德榜，坚持让侯德榜担任技术工作。为了报答范旭东的知遇之恩，侯德榜此后“一意从事死拼，以谋技术问题的解决”。

分析原因

侯德榜、李佐华以及广大技术人员检查了整个技术流程，分析红碱的化学成分，终于发现纯碱是红色的原因。在生产的过程中，管道受到氨气和碳酸气的腐蚀形成了红色的铁锈，这些铁锈将本来的白碱染成了红色。于是范旭东忍痛将价值10万元的钢管拆除，换成耐腐蚀的铸铁管道，并加入少量的硫化钠，这样可以在铁器表面形成一层保护膜，既可以防止铁器生锈，又可以防止纯碱被污染。为了吸取这一教训，他请工人把拆下来的钢管做成一个桌子放在他的办公室中，用来提醒自己以后不能再犯类似的错误。

时至夏日，干燥锅被烧裂的原因也找到了。原来当年孟德卖给永利的图纸并不是最先进的设计，永利目前使用的船式半圆形干燥锅已经被欧美各碱厂所淘汰，致使永利

◎小贴士

铁锈是怎么形成的：铁生锈是一种很常见的现象，普通的铁制品放置在潮湿的环境中，就会慢慢变色，在其表面形成一层红褐色的铁锈。其实铁锈就是铁和空气中的氧气、水蒸气发生作用，生成铁的多种氧化物的水合物的过程。铁锈的主要成分就是氧化铁，我们通常用化学式 $Fe_2O_3 \cdot xH_2O$（三氧化二铁水合物）来表示。

白灰窑

碱厂内景

遭受巨大损失。于是范旭东花重金购买了国外最先进的圆筒回转型外热式煅烧炉。

李佐华的聘期已满，本来可以拿上聘金回到美国享受舒适的日子，但是他被永利碱厂技术人员百折不挠的精神所感动，对范旭东说："如果碱厂需要，我愿意续约三年，留下来和永利碱厂一起共渡难关。"范旭东紧紧握住李佐华的手说："谢谢，真是太感谢了。"

永利碱厂的全体员工在一个又一个的风雨寒暑中对设备仪器进行检修，对碱厂工艺做了较大的改革，在攻克制碱技术的道路上留下了一个个坚实的脚印。

胜利之果

1926 年 6 月 29 日，是永利碱厂史、中国化工史上难忘的一日。

全厂员工都紧张而又激动地在各自的岗位上严阵以待。范旭东等人在总调度室，侯德榜通过传话器询问各车间的准备情况，收到“准备完毕，等待命令”。于是侯德榜喊道：“开车！”巨大的机器发出轰鸣声，“一切正常”的报告不断传来。范旭东、侯德榜等人聚集在出碱口处，随着“出料”命令的下达，工人迅速拉开制动翻板，雪白的碱像面粉一样倾倒到麻袋中，围在四周的工人都欢呼起来。

范旭东从麻袋中抓了一把碱，喃喃地说道：“洁白的碱，多好啊！”激动不已的范旭东眼中闪耀着泪花，“永利制碱的成功，要归功于诸位的同心同德，努力苦干。首功要记在侯博士身上，他数年如一日，为了谋求技术问题的解决，奋不顾身，一意拼搏。为了中国的制碱工业和今日的成功，度过了多少个不眠之夜，耗费多少心血，受了多少磨难，可见事业心、责任心之强。我谢谢大家，谢谢不远万里来帮助我们建厂的美国朋友李佐华先生。”现场响起了热烈的掌声、欢庆的锣鼓以及庆祝的鞭炮声。有人向范旭东喊道：“给咱们的碱起一个名字吧。”“为了使我们的产品区别于土法生产的‘口碱’和进口的卜内门‘洋碱’，我提议将我们生产的碱取名为‘纯碱’。”现场再次响起了热烈的掌声。

纯碱命名为“红三角”牌，商标以一个火一样的红三角形为主体，里面画有标志中国化学工业诞生和兴起的坩

“红三角”商标

埚，象征纯碱生产过程中气体、液体、固体三相反应，也是苏尔维制碱法的工艺体现。

1926 年，为了纪念美国建国 150 周年，万国博览会在美国费城举办。在中国产品的展览场中，人们看到一袋雪白的纯碱，醒目的“红三角”商标上方印着“中国永利”四个字，下方是“纯碱”两个大字，该产品荣获博览会金奖。这也是中国最早获得国际金奖的化工产品。永利的“红三角”纯碱不仅填补了国家金奖的空白，而且被评委誉为“中国近代工业进步的象征”。4 年后，“红三角”纯碱在比利时工商博览会上再次荣获金奖。比利时是苏尔维制碱法的诞生地，在这里获奖更是对永利制碱技术的肯定，对“红三角”纯碱的表彰。

当金质奖章运到塘沽时，永利碱厂举行隆重的庆祝大会，永利同仁看到奖状，都不禁热泪盈眶。

永利碱厂是世界上第 31 位用苏尔维法生产纯碱的碱厂，在亚洲却是第 1 位的。纯碱的诞生，使中国人终于打破技术封锁，“红三角”牌纯碱从此享誉世界。为了推动世界制碱工业的发展，侯德榜还将永利碱厂制碱的经验总结成书，由美国化学会出版了英文专著《纯碱制造》。侯

美国费城万国博览会获奖证书

比利时工商博览会获奖证书

英文版《纯碱制造》

德榜在这本书中将苏尔维制碱法完整地介绍给世人，受到世界化工界的广泛关注。这本书至今仍是公认的制碱权威著作。

◎小贴士

纯碱生产流程：苏尔维法生产纯碱的原理是通过一系列的化学反应，将原盐中的钠离子同石灰石中的碳酸根离子结合生成碳酸钠纯碱。原盐通过皮带进入到化盐桶中，化好的粗盐水送入调和槽中与石灰乳反应，然后送入一次澄清桶中除镁生成一次精盐水，再进入除钙塔中通入二氧化碳除钙生成二次精盐水，将其送入吸氨塔吸收氨气成为氨盐水，饱和的氨盐水泵送至碳化塔中吸收二氧化碳生成碳酸氢钠(重碱)，将重碱送入煅烧炉高温煅烧，分解成纯碱、二氧化碳（生产中称为炉气）和水，纯碱经过包装车间包装成成品运往纯碱站台，炉气经过炉气洗涤塔后送入碳化塔。而产生的含有大量氨气的热母液送入蒸氨塔回收氨气，分离出的氨气送到吸氨塔中。生产过程中所需的石灰乳和二氧化碳气体是由白灰窑通过煅烧石灰石产生的。

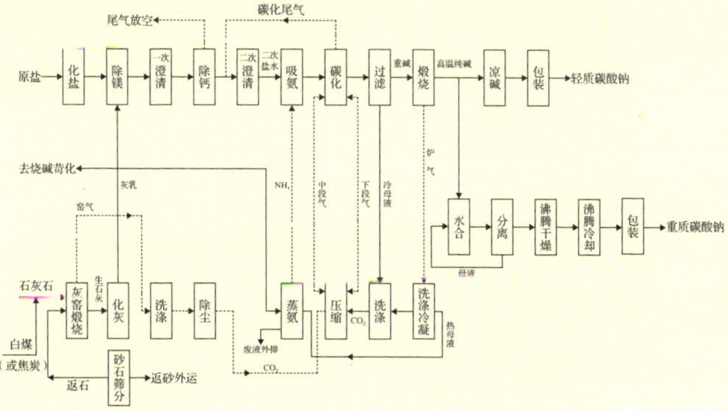

纯碱生产流程示意图

九 围魏救赵——与英商卜内门的斗争

降价销售

永利碱厂成功制碱，打乱了英商卜内门公司在中国市场的布局。本来永利碱厂最初创建的时候，掌握核心技术的卜内门公司认为永利是第二个鲁丰，最终会以失败告终。没想到范旭东、侯德榜等人突破了技术封锁，日产量达到30吨以上。

李立德被这一消息震惊了，他知道，永利碱厂一旦突破了技术难关，卜内门在中国的垄断地位就要被动摇了。在永利碱厂刚刚生产出红碱的时候，卜内门公司曾想收购永利碱厂的股权，却被范旭东严厉拒绝，未能得逞。现在怎么办呢?

正在李立德发愣的时候，他的上司尼可逊发来指示：

白灰窑与南北楼

“降价抛售洋碱。击垮永利，把它扼杀在萌芽之时。”于是，卜内门公司在永利纯碱销售的主要区域——上海、汉口、长沙等地大幅度降价。

“卜内门公司的洋碱降价了”，听到这消息的范旭东非常震惊，很快他就明白了对方的叵测居心。卜内门公司的碱厂就建在盐矿之上，他们只需要向地下打入管道，就可以汲上来含有浓卤的岩盐，制碱成本非常低廉，永利碱厂怎能与之相比？等永利碱厂无法应对之时，他们就会再杀一个回马枪，将损失的钱重新捞回来。

范旭东立刻指示各代销店，无论卜内门公司怎么降价，永利碱厂永远比其便宜 3 角钱出售“红三角”纯碱。这样每年要亏损 100 多万元，如此高昂的代价，范旭东却没有退缩，坚持到底。

将计就计

降价抛售没有打垮永利，于是李立德让自己的儿子小李立德找一位密探去探听永利碱厂的情报。小李立德选中卜内门公司天津区的职员老王，在白记饺子馆请他吃了一顿他最爱吃的羊肉馅饺子，并答应每月给他 30 元银洋，帮忙搞到永利的机器生产、人事等消息。借着酒劲，老王满口答应。

回到家里，酒劲散了之后，老王越想越不对味，自己是中国人，帮助外国公司去整治中国公司，这不是缺德吗？

◎小贴士

卜内门公司（Brunner, Mond & Co. Ltd.）：英国的大化学公司，1926 年并入帝国化学工业公司。1900 年在上海成立分公司，称为卜内门洋碱有限公司或卜内门洋行，经营化学品进口和土产出口。曾长期垄断中国化学肥料、碱类和其他化工原料的进口业务。中华人民共和国成立后，该公司在中国的机构全部撤销。

余啸秋

于是他想起了一个人，这个人叫余啸秋，当年卜内门公司和永利碱厂谈判的时候，曾经见过他。对，就去找余啸秋商量此事。

一个漆黑的夜晚，老王按照地址找到了余啸秋家，把事情一五一十地对他说了。余啸秋觉得事关重大，赶紧向范旭东汇报，二人研究了一个反间战术。第二天晚上，老王又来到余啸秋家，余啸秋拿出30元钱塞到老王手里说："你告诉小李立德，永利碱厂哪能跟卜内门这个大公司比价啊，只要能保住天津这块销售地盘就可以了。"老王先愣了一下，随即明白了。转天小李立德从老王这里得到永利的消息，非常高兴，他

◎小贴士

余啸秋（1888—1974）：湖南长沙人。1913年赴美留学，1918年毕业于芝加哥大学。1923年应范旭东之聘进永利制碱公司，主管永利公司的财务、经营和外交，是范旭东的得力助手。在行政组织、生产计划、市场销售及外交事务等方面作过积极贡献，称为"大管家"当之无愧。1949年后曾任永利公司副经理，1974年在北京因病去世。

却不知这些消息都是余啸秋故意告诉他的。此后，余啸秋和老王经常暗通信息，卜内门得到的消息真假参半，反倒是永利碱厂了解了不少卜内门公司的情报。

围日救中

事实上，范旭东不但没有退出竞争市场，反而正在秘密和日本三井公司接触，准备在国际市场上给卜内门公司一个反击。

范旭东留学日本多年，对日本的工业了如指掌。日本当时有两大财团，一个是三井，一个是三菱，这两大财团之间竞争很激烈。三菱有工厂生产碱，而三井并没有碱厂，所以在争霸过程中经常失败。范旭东找到三井天津分行，请他们在日本代销“红三角”牌纯碱，价格定得很低，以打击卜内门公司在日本行销的“峨眉”牌碱。三井在日本的分行遍布全日本，销售非常方便，物美价廉的“红三角”纯碱很受日本用户欢迎。一下子，卜内门公司在日本的市场就被永利的“红三角”碱冲破了。

在这场贸易战中，永利碱厂不仅占领了中国市场，而且还打入了国际市场，卜内门公司甘拜下风。于是李立德和范旭东签订了协议，双方不再搞降价倾销，如果碱的价格变动，需要征得对方的同意，并规定销售比例永利占

永利纯碱装船出口

55%，卜内门占45%。这是一个使永利碱厂扬眉吐气的协议，是一个使中国人挺直腰杆的协议。

十　神经中枢——黄海化学工业研究社

三顾开滦

某日黄昏，范旭东看着晚霞中矗立的蒸吸厂房、碳化厂房，远处的碳化塔、蒸氨塔、吸氨塔以及交错纵横的管线，想到由于技术封锁，碱厂建造困难重重，想要参观国外碱厂却被拒之门外，花重金购买的图纸却是国外落后的工艺，过往的情景一时间涌了上来。没有核心技术，中国工业就永远受制于人，永远无法发展前进。一个想法突然冒了出来：中国必须要建立自己的研究机构，随着世界科学技术的进步，中国也要跟上世界的脚步。

建立研究社，需要一位社长，一位肯踏实苦干又不会被功名富贵所惑的社长，但是这位社长在哪儿呢？范旭东的哥哥范源濂向他推荐了一位被称为“西圣”的著名化学家孙学悟，他和侯德榜一样是第一批公费留美学生，1911年进入美国哈佛大学攻读博士学位，1919年回国，先是在南开大学任教，后来到唐山开滦煤矿任总化学师。由于开滦煤矿是英国人办的企业，孙学悟觉得与他科学救国的初衷相违背，经常对天长叹。

范旭东立马派人去唐山到开滦煤矿公司给孙学悟送礼，结果礼物第二天就被原封不动地带回来了。范旭东奇怪地问道："孙博士不在吗？""孙博士说，这礼一定是瞒着您送的。"范旭东一听，顿时对孙学悟肃然起敬，这是一位不为名利所左右的学者，决定亲自去唐山请孙学悟。

唐山开滦煤矿公司实验楼门紧闭，范旭东上前敲门，门却没有开，里面传出一个声音："你是谁，来干什么？""我是范旭东，专程拜访孙学悟博士。""孙博士吩咐了，今天不见任何人。"

孙学悟

范旭东只好先找一家旅社住下，第二天又来敲门。谁知门里说道："孙博士知道您是从天津来的客人，他让我转告您，此事不成，请您见谅。"范旭东心知是之前的举动伤了他的心，见不到人，没有办法说明，只好继续在旅馆住下，第三天一早就奔向实验楼。门前站着一位大个子，范旭东上前问道：“您是孙学悟博士吧。”“那你就是天津客人范旭东喽。”

两人进行了推心置腹的长谈后，孙学悟被范旭东的理想和坚持所打动。但是范旭东却面露难色：“您现在的月薪是 300 元，但是我每月只能给您 200 元，这……”孙学悟大声说道：“振兴中国化学工业，这几百银圆并不重要。”范旭东高兴地说：“太好了，我现在就回天津，在塘沽恭候孙博士！”

研究社成立

1922 年，化学工业研究社正式在塘沽成立，孙学悟任社长。塘沽面临渤海，朝宗黄海，海洋中蕴藏着无限宝藏，

◎小贴士

孙学悟（1888—1952）：山东文登人，为中国化学工业作出重要贡献。1905 年在日本早稻田大学求学，1910 年考入清华留美预备学堂，1915 年取得哈佛大学化学博士学位，曾在开滦煤矿任总化学师，1922 年受范旭东的邀请，负责筹办黄海化学工业研究社并担任社长，开创了中国无机应用化学、有机应用化学及细菌化学的研究，促进了永利碱厂的生产技术发展并培养了大批技术人才，被尊称为“孙西圣”。1952 年去世。

黄海化学工业研究社董事合影（左一孙学悟，左二李烛尘，左四范旭东，右一侯德榜）

是化学工业的原料来源。范旭东一直都对海洋有着特殊的感情，于是将研究社命名为“黄海”，深信中国未来的命运在海洋。研究社包括定量分析室、定性分析室、化学实验室、动力室等研究机构，并附有图书馆，其规模在国内是数一数二的。

圆形的社徽挂在大门口，外圈是代表工业动力的齿轮，内圈是互相涵抱的三个部分，寓意“致知”“穷理”“应用”的学术态度，互相涵抱以表示彼此不可分割的紧密联系。把“致知”所得、“穷理”所到，拿到实际“应用”，以断定所“致”的“知”、所“穷”的“理”是否可靠。

黄海化学工业研究社分析室

黄海化学工业研究社图书馆内景

在研究社成立大会上，范旭东说道：“黄海应该是我们的神经中枢，它不属于永久两公司，而是与永利、久大两公司平行的化学学术研究机关。”接着，范旭东又说道：

“学术研究，是一种神圣工作。做研究的人首先要头脑明晰，把世俗所谓荣辱得失是什么一回事，看得通明透亮。将研究的对象当作自己的身家性命，爱护它，分析它，安排它，务必使它和人类接近，同时开辟人类和它接近的坦途。这种任务，岂是随便可以完成的吗？无怪乎牛顿那样的资质，那样的成就，他还叹息学海无涯，一步一步一代一代地向前走着。为不世出的伟才，预任披荆斩棘之劳而已。这是黄海同仁的心愿，也是我黄海的学风。”

众人鼓掌，请孙社长讲话。“好吧。”孙学悟说道，“在国际上，享有盛誉的是英国皇家学会、法国的法兰西科学院。我想从今以后，不久的将来，还会多出一家，这便是东方的黄海化学工业研究社！”大家纷纷为孙学悟高远的理想和不凡的抱负鼓掌。

黄海化学工业研究社创建于永利最为困难的时期，有人不理解范旭东为什么要将资金投入到研究社中。他语重心长地对大家说：“黄海是一个小宝贝，是中国的一个孤儿，大家伙应当拿守孤的心情来抚育他，孩子将来有好处，那是国家之福。”于是范旭东带头将他的酬劳全部捐出，供黄海化学工业研究社用，其他人见状也纷纷捐赠。黄海化学工业研究社得以继续发展壮大，为中国的工业、农业和科学研究事业作出了宝贵的贡献。至此，久大、永利、黄海工业团体形成，简称“永久黄”团体。

黄海化学工业研究社图书馆（老照片）

黄海化学工业研究社图书馆（现状）

黄海成立初期，主要协助永利、久大试验长芦盐的应用，开拓永利新产品。1928 年试制钾肥和碘，并参与永利铔厂的化学分析工作。1931 年成立了菌学室，推动中国菌学及酒精工业的发展。黄海在纪念 20 周年时，汇集了近些年发表的科研成果，竟有 92 项之多，硕果累累。

现在天津市滨海新区解放路喧闹的商业中心旁有一栋二层英式建筑风格小楼，它是中国私人设立的第一个研究社——黄海化学工业研究社的图书馆，建筑保存完整，继续向人们昭示着“我们在原则上绝对地相信科学”的真谛。

十一　“永久黄”代言人——《海王》旬刊

团体喉舌

20 世纪 20 年代末，“永久黄”团体事业逐渐壮大，各地销售组织星罗棋布，为了“互通消息，联络感情”，范旭东决定创办一个刊物，作为各个团体之间的联络纽带。刊名也想好了，叫《海王》。“黄海”不是“永久黄”工业团体的神经中枢吗？那就让《海王》成为“永久黄”团体的喉舌吧！大家都举双手赞成。

1928 年 9 月 20 日，《海王》旬刊创刊号出版。范旭东写道：塘沽的化学工业，从 1914 年建立久大精盐厂开始，像一个未成年的小学生不断成长。幸亏他拼命学习，不仅自己有了成果，另外永利碱厂、黄海化学工业研究社、永裕盐业公司这三个小弟弟也渐渐地长大了。从前局促在塘沽一个村落里的兄弟，现在已经登上了国际舞台。但是由于大家工作繁忙，各奔前程，团聚的机会一年比一年少。因此我们创办了这个期刊，每隔十天大家写封家信，汇报一下近况，交流一下感情。不仅可以在兄弟们的闲暇时间解闷，还可以给我们前进的勇气。

每一期《海王》的封面上都会刊登“永久黄”团体的“四大信条”：1. 我们在原则上绝对地相信科学；2. 我们在事业上积极地发展实业；3. 我们在行动上宁愿牺牲个人，顾全团体；4. 我们在精神上以能服务社会为最大光荣。

“四大信条”是“永久黄”团体通过《海王》公开征求全体职工的意见，经过反复讨论后审定而成的。范旭东

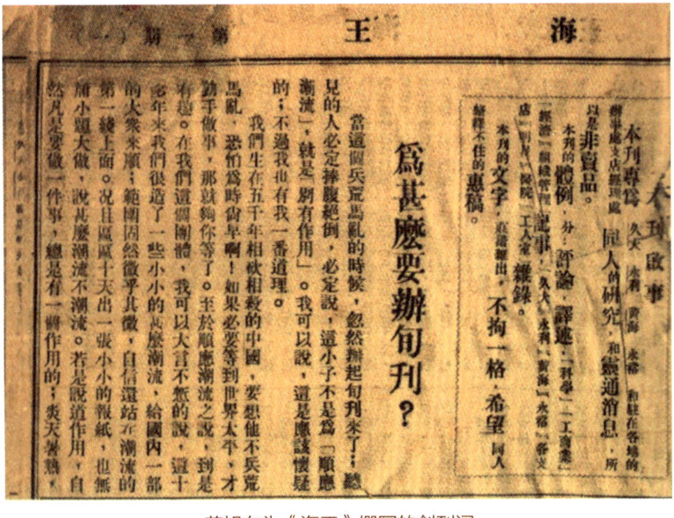

海王　第一期（一）

本刊啟事

本刊專爲久大、永利、黃海、永裕和駐在各埠的辦事處支店經理處同人的研究，和溝通消息，所以是非賣品。

本刊的體例，分：評論、譯述、「科學」「工商業」「經濟」「組織管理」記事，「久大」「永利」「黃海」「永裕」「各支店」「醫院」「工人室」雜錄。

本刊的文字，直接顯出，不拘一格，希望同人繼續不住的惠稿。

為甚麼要辦旬刊？

當這個兵荒馬亂的時候，忽然辦起旬刊來了：總見的人必定捧腹絕倒，必定說，這小子不是為「順應潮流」，就是「別有作用」。我可以說，這是應該懷疑的；不過我也有我一番道理。

我們生在五千年相砍相殺的中國，要想他不兵荒馬亂，恐怕為時尚早啊！如果必要等到世界太平，才動手做事，那就夠你等了。至於順應潮流之說，到是有趣。在我們這個團體，我可以大言不慚的說，這十多年來我們很造了一些小小的甚麼潮流，給國內一部的大衆來順；絕對因爲微乎其微，自信還站在潮流的第一綫上面。況且區區十天出一張小小的報紙，也無庸小題大做，說甚麼潮流不潮流。若是說道作用，自然凡是要做一件事，總是有一種作用的；炎天暑熱，

范旭东为《海王》撰写的创刊词

把“四大信条”看作是“永久黄”团体的宪法，以激励“永久黄”团体的全体职工奋发图强。

《海王》不仅记载了“永久黄”的活动情况，而且是交流新技术、联络职工感情的有效园地。《海王》从创刊起，就遵循“研讨学术的发展，本团体消息的传递，同人精诚团结的策进”的光荣使命。从工业到农业，从宇宙到海洋，从金属到菌学，《海王》将国内外最新的科技成果、研究论文刊登出来，不仅给“永久黄”团体开阔眼界，同时也将新知识传播给国民。此外，《海王》还是“永久黄”团体重要的宣传工具，自从永利碱厂成功出碱，并且在国际上获得金奖之后，《海王》就在刊物上适时宣传，使得永利碱厂被更多人关注。其中读者们最喜欢读的是《家常琐事》这个栏目，它讲述了“永久黄”团体在全国各地的分支机构各方面的动态，甚至职工结婚生子、奇闻趣事等等都会刊登。这些消息的互通，使得“永久黄”像一个非常温馨的大家庭。

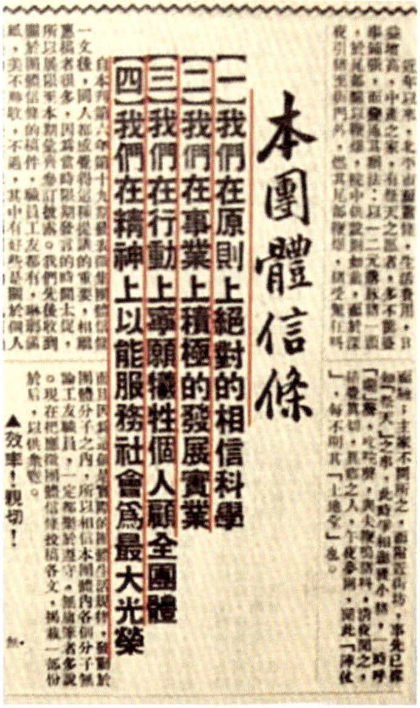
本團體信條

一 我們在原則上絕對的相信科學

二 我們在事業上積極的發展實業

三 我們在行動上寧願犧牲個人顧全團體

四 我們在精神上以能服務社會爲最大光榮

“四大信条”

介绍国外碱厂

阎公幼甫

阎幼甫

范旭东邀请阎幼甫作为《海王》的主编。阎幼甫留着小胡子，粗粗的眉毛，不苟言笑，不熟悉的人会觉得非常严肃，因此人送外号“阎王”。其实阎幼甫是一个非常幽默、心地善良、写得一手好文章的人。

阎幼甫 1890 年生于长沙，曾追随孙中山加入同盟会，后来去德国留学，毕业于柏林大学。回国后，1924 年曾任上海《中华周报》的主编，后来受到范旭东的影响，加入“永久黄”团体。1932 年被范旭东任命为“永久黄”联合办事处主任。

阎幼甫接手《海王》之后就发表了自己的决心：“我们团体之内应该相互体谅、互相团结，通过同仁的努力奋斗共同拯救中国。《海王》出版应有固定的计划，10 天出一期，一年出版 36 期，如果没有达到目标，就接受群众的处罚。”第二年《海王》果然出满了 36 期，阎幼甫兑现了他的承诺，将他实业救国的雄心倾注到为“永久黄”事业的呐喊中。

然而，正当《海王》旬刊发展的时候，抗日战争全面爆发，阎幼甫在战争的炮火声中，带领同事将《海王》第

9年第33期校对完，便带领编辑人员乘坐轮船前往湖南。在后方非常艰难的环境之下，经过大家的共同努力，《海王》1938年7月7日在长沙复刊。兵荒马乱之际，在人心不稳、稿件缺乏、条件恶劣的情况下，阎幼甫拖着病体以又父、东风为笔名，用犀利的文笔、诙谐的语言来唤起民众的觉醒。

抗日战争胜利后，《海王》从四川乐山迁往重庆，最后定居南京。但是在全面抗战期间，《海王》辗转五次，阎幼甫在巨大的工作量和艰苦的环境之下积劳成疾，1947年他只好暂时离开《海王》社，前往南京中央医院就诊。医生诊断他的咳血和手臂痛必须通过长时间调养才可以好。但是阎幼甫在住院期间仍然心系《海王》，病中仍然审稿，20多天后就回到《海王》社继续工作。

1949年，已经坚持办刊20年的《海王》因为永利、久大两个公司资金缺乏，难以维系，10月9日决定暂时停刊，此时《海王》共出版700多期。《海王》在“永久黄”团体中起到举足轻重的作用，在中国工业民族化进程中发挥了重要作用。

十二 我们还会回来的——碱厂撤离

战争爆发

“红三角”牌纯碱获奖之后，永利碱厂就进入了迅猛发展的全盛时期，日产量达到了200吨。可惜好景不长，1937年，发生了震惊中外的卢沟桥事变，抗日战争全面爆

全盛时期的永利碱厂

发，7月底，北京、天津相继被日军占领。交通阻塞、物价飞涨，铁路交通截断，原料不能进来，产品无法运出，永利碱厂被迫停工。

每天都有许多日本兵车从东北开往天津，长长的列车上罩着防雨布，车尾架有高射炮。火车之外，日本军舰也开来塘沽停泊，事态在恶化。永利工厂为了预防空袭，在南北楼中间用钢板及碱袋筑成防空洞。时局越来越紧，有些高级职员不声不响离开了工厂。没过几天，停泊在塘沽“日本大院”海河边的军舰开始向海河对岸发射炮弹，“轰”的一声，远处大沽造船厂的烟囱被打倒，一股黑烟冲向天空。

看到这种情景，范旭东只好痛苦地做出决定：“停厂，疏散人员！”很多工人不愿意走，不愿离开这辛辛苦苦建立起来的碱厂，范旭东忍痛劝说道：“这是我们的碱厂，我们只是暂时离开，总有一天会回来的。”

范旭东决定任命李烛尘为永利碱厂南迁的总指挥，指挥永利碱厂、久大精盐厂、黄海化学工业研究社的主要科技人员，带好重要仪器与图纸迁往相对安全的战争后方。范旭东对孙学悟说道：“孙博士，您带领黄海的研究人员第一批南迁，我们在南方汇合的时候，再重建这黄海化学工业研究社，一路上多保重！”孙学悟含泪道：“范先生，您也保重啊！”

塘沽的日本运输、通信支队码头

1937 年日军抵达塘沽大沽码头

乘坐轮船离开塘沽的范旭东眼望着渐渐远去的碱厂，心如刀割。覆巢之下，安有完卵。日军已经攻占到南京了，大半个中国都沦陷了，在这样的环境下，碱厂还能安然无恙吗？他可以预想到碱厂后来的命运，但是没有办法，他只能这样做，他不能眼睁睁看着手无寸铁的职工与日军对抗，也不愿意让苦心研究的技术成果落入侵略者手中，只好让多年心血毁于一旦。

其实日本对于这个在国际上享有盛名的永利碱厂觊觎很久了，便授意日本军部华北开发公司下属的兴中公司立即夺取永利碱厂产权。

范旭东刚刚到达上海就被日本人盯上了，一个日本人直接找到在公寓里的范旭东说：“日本兴中公司派我和您来商量购买永利碱厂的相关事宜，兴中就是兴旺中国，对你们中国的工业是很有好处的，谈个价钱吧。”范旭东冷冷地说：“我们的工厂不卖，你们若能拿走，就拿走好了。”随后立刻给李烛尘发电报：“宁为玉碎，不为瓦全。”

兴中公司看直接与范旭东谈不妥，就派刀根直接与留守碱厂的李烛尘谈。在办公室里，刀根拿着预先写好的让永利碱厂交于日本接办的文件，对李烛尘说道：“中国和日本一直以来都是亲近的，日中亲善就从你我开始做起，让兴中和永利合作经营永利碱厂如何？您只要在文件上签字就万事大吉了。”李烛尘勃然大怒：“世界上哪有强盗要抢东西还要物主签字的道理，你们太无耻了。”刀根一看李烛尘态度坚决，于是决定直接来硬的。刀根走后不一会儿，就有几个日本兵以抓逃犯的名义闯入李烛尘的办公室，又打又砸，临走还把沙发戳了几个窟窿，理由是看逃犯是不是躲在沙发里。

李烛尘知道，这是刀根在向他示威，他也知道日本人占领永利碱厂是迟早的事情。沉思许久后，他将李祉川喊来：“现在的情形你也看到了，我们不能给日本人留下一座完整的碱厂，你带几个人回到永利碱厂去，以测绘的名义毁去碱厂的设备。”李祉川毕业于上海交通大学，1933年获得美国普渡大学机械工程硕士学位，毕业后，怀着一腔报效祖国的热情来到了永利碱厂。然而战争的到来不仅打碎了他的理想，现在他还要亲手毁掉他的成果。

李祉川冒险潜回碱厂核对设备尺寸、结构及布置，克服重重困难细心测绘，并将关键的仪表、设备拆毁丢弃。将设计先进的白灰窑顶的分石器拆卸；蒸馏塔顶的温度传感器是新型仪器，更不能落入敌手。经过三四个月的艰苦工作，李祉川将永利碱厂图纸、资料整理完毕，以备将来宏图再展。

1937年12月12日，乔装成阔佬的李烛尘，登上英国轮船“岳州”号转香港前往汉口，旁边的李祉川手提一只考究的皮箱，一副仆人打扮，紧随李烛尘身后。皮箱内是

日军控制下的永利碱厂

宝贵的碱厂全套设计资料。李烛尘站立船头，凭栏远眺塘沽方向，想到苦心经营的碱厂就要被敌人占领，顿时觉得万箭穿心一般。

不仅永利碱厂被日本控制，黄海化学工业研究社社址也成了日本运输司令部，碱厂的员工宿舍——工人新村成了养马棚，“永久黄”的辉煌事业毁于一旦。中华精英们历经艰难创建的化工事业被毁了。得知这一切，范旭东的心在滴血，他仰首问苍天，难道中国刚刚崭露头角的化学工业就此消亡吗?

十三 蜀道难——建设四川“新塘沽”

迁往四川

1938年春，“永久黄”工业团体的技术人员300余人和内迁职工家属1000多人陆续到达汉口。安定下来之后，范旭东便召集大家开会，决定“永久黄”未来的命运。有人认为眼下没有资金，不如各自逃难；有人认为现在时局不稳，不利于建厂，不如维持现状，福祸共享。

听了大家的发言，范旭东缓缓说道：“我们不能散，也不能安于现状，更不能有自暴自弃的想法。我们建立‘永久黄’团体的目的就是实现我们救国的抱负，在现在的形势下更不能有一丝一毫的放弃念头，应该发挥我们的能力，创造新的环境，救国兼自救。”“他们能毁，我们就能重建！”侯德榜握紧拳头说道。多日辛劳的李烛尘也疲惫地说道：

“我也同意为中国重新创立一个化工中心，但是汉口也不安全，我们需要换一个地方。”

汉口会议结束后，范旭东立刻派人去湖南、四川两地考察厂址。经过调查发现，四川有重要的化工原料——盐，于是“永久黄”团体人员开始了新的迁移工作。大家乘船前往重庆，沿途山峰壁立，水流湍急，令人不由得想到李白的诗句：“蜀道难，难于上青天。”中国化学工业的建设也是如此，一路艰难。

到达重庆后，简单安顿。范旭东带领大家到自流井、乐山、犍为一带去考察，经过再三考量，决定在犍为县岷江岸五通桥附近的老龙坝建设新的碱厂。老龙坝所在的五通桥有丰富的盐卤资源，附近煤炭、石灰石资源丰富。而且这一带岷江水深，地势宽阔，上 20 多公里可通乐山，下 200 多公里可达重庆，再汇入长江，因而水陆交通十分方便，较为适合创办化学工厂。只是这里人烟稀少，十分荒凉，山石丛生，从头再来，谈何容易。而范旭东却对孙学悟说道：“今天又恢复了塘沽最初的情景，也有趣，不过老范还来得及。”大家都被范旭东百折不挠的精神感动，决定在这里复兴民族的化学工业。

建设“新塘沽”

“叮叮叮……当当当……”凿石的声音在老龙坝响起，工人们一锤一锤将山凿平，切取的条石用来建造厂房、宿舍、学校和医院。日积月累，老龙坝山脚下逐渐凹进去，雨季到来时成为一个蓄水池，足有100亩大小，人们就给它起名为“百亩湖”。这里矗立起永利川厂，包括制碱厂、炼油厂、翻砂厂、机械厂、陶瓷厂、土木工程处、煤矿厂、600千瓦发电厂、试验厂、深井工程处等10个单位。

建设中的永利川厂

久大向四川盐务管理局申请创设“久大自贡模范食盐厂”，半个月后获得批准，在自贡自流井张家坝破土动工。历时4个月，模范食盐厂建立，决定选定“九一八”这个悲痛的纪念日举行开工典礼。黄海化学工业研究社也迁到了五通镇靠近江边的一个宅院内，大一点的房子当实验室和图书馆，零星小房子就作为职工宿舍。

五通桥就像是恢复了塘沽的情景，新的化工中心初具规模。为了纪念在战争中被破坏的中国化工发源地——塘沽，范旭东将这里命名为“新塘沽”。

“新塘沽”

滇缅运输线

由于战争不断，购买机器设备的运输成了新的问题。1940 年从美国购买的机器设备陆续运到越南，再通过滇越铁路转运至内地。但是好景不长，日军侵占越南，封锁防线，这条运输路线就被切断了，永利碱厂购买的物品有 500 吨都被拦截而去，损失很大。

在此紧要关头，范旭东决定建立运输站，自行运输器材设备。他在昆明成立运输部，在畹町建立运输站，改道缅甸公路用汽车运输。但是这条路非常崎岖难行，从缅甸仰光途经昆明，再转运至四川，全程要3000多公里。而且一路上还要经历瘴疟暴雨、山崩路滑、酷热毒虫、日军轰炸、非法掠夺等等困难，险象环生。由于政府的政策改变，永利公司的运输受到限制，范旭东以参政员的身份先后两次致电蒋介石要求疏通和解禁，才使永利公司自办运输的要求得到允许。范旭东不顾已近花甲之年，亲赴仰光部署

永利运输队

滇缅公路

工作并押车探路，终于开辟出来一条滇越生死线。

1942年，日军开始侵占缅甸，3月8日缅甸失陷，运输部员工拼命抢救出几百吨器材和3500桶汽油。5月3日畹町失守，永利公司在畹町的大量汽油化为熊熊烈火。次日，日军对保山狂轰滥炸，滇缅公路的永利车辆被炸毁、翻毁的共计47辆，损失的器材不计其数，滇缅运输只好中断。

化工生产是一个连续性的工程，整套设备缺一不可。购买的苏尔维法制碱设备无法到厂，永利川厂迫不得已，

被炸毁的永利运输部

只好将原来的路布兰制碱法稍加改造，小规模制碱，供应后方的工厂使用和生活急需。

机械厂

永利川厂的工业遗产保存状况较好，主要生产厂房均保留了下来，如纯碱厂、机械厂、发电厂、实验室等建筑，这些厂房建于1940年前后，多为砖木结构或石木结构，造型美观大方，其中的实验室和办公楼为回廊式建筑。此外，还遗留有范旭东和侯德榜的住宅，均为砖木穿斗式结构，造型别致。永利川厂的炼水室同百亩湖相连，构成水“软化”系统，又通过地下隧道和其他用水部门连接，形成独特的水处理系统。永利川厂建筑群是民族化工业艰难发展的真实见证。

发电厂

十四 惊世创举——“侯氏制碱法”的诞生

技术难题

尽管永利川厂附近就是健乐盐场，但是盐场的卤水浓度不够，含盐量只有8%—12%。用这样淡的卤水熬制成的盐来制碱，利用率只有75%，成本非常高，比海盐贵几十倍。在塘沽用苏尔维法制碱，尽管利用率也只有70%，但是因为海盐价格低廉，因此纯碱成本也低。苏尔维法已经在永利碱厂使用多年，理论经验丰富，如果在永利川厂继续使用，很容易就会出碱。但是如果在四川继续使用苏尔维法，每天就会有大量的卤水被浪费掉，生产成本太高，无法投入市场。可是不用苏尔维制碱法，又该采用何种制碱方式呢？

根据侯德榜的了解，19世纪后期就有人对苏尔维法进行改造，目前做得比较有成效的是德国人。1924年德国人格鲁德和吕普曼提出了一种查恩制碱法，即在中间盐存在下，以碳酸氢铵和食盐作为原料，循环作业得到纯碱，食盐利用率高达90%—95%。查恩法不仅适用于四川的井盐，而且有专利出售。范旭东经过深思熟虑后对侯德榜说："我们去柏林！"决定到德国考察并购买查恩法专利和有关设备。

然而，范旭东哪里知道，在柏林等待他们的是一场永生都不会忘记的侮辱。

事实上，德国和日本已经签订了防共协定，当然不可能支持中国建设碱厂。所以在谈判桌上德国厂方的负责人不仅提出了非常高的价码，而且对范旭东说，用德国的查恩法制出来的纯碱，不准在东三省销售，因为那里是"满洲国"，已经不属于中国了。范旭东生气地告诉对方："东三省是中国的领土，我们的纯碱不仅要在东三省销售，还要在全世界销售。"拂袖而去，谈判终止。

范旭东连夜开会："我们自己干，比利时苏尔维弟兄能发明制碱法，德国的查恩也能发明制碱法，难道我们不行吗？"侯德榜同样主张不依靠外国："黄头发绿眼珠的人能搞出来，我们黑头发黑眼珠的就办不到吗？"其他几位技术人员也力主自行设计。他们决定不再购买查恩法的专利。

攻破新法

侯德榜随即离开德国前往美国，考察制定实验方法，自行研制新的制碱工艺。在李国钦的帮助下，在纽约设立了永利办事处，侯德榜一边采购设备，一边开始了制碱法实验。侯德榜在美国进行了一年的制碱实验，虽然取得初步的成果，但是还需要扩大实验规模。

范旭东也在“新塘沽”设立了一个实验中心，由侯德榜在美国遥控指挥。但是当时四川的实验环境很差，仪器设备缺乏，一只普通的温度计都很难找到，实验必需的原料碳酸氢铵这里见都没有见过。而且由于战争的原因，实验中电流时断时续，给实验工作带来重重困难。眼看实验难以继续，只好将四川的实验小组移到对外联系方便、材料仪器也充足的香港。

大洋彼岸美国纽约的永利办事处，侯德榜正在思索，书桌上堆满了各种实验报告、资料、参考书、草稿、计算尺、圆规等物品。墙上挂着各种制碱方法的流程图，图上用红笔画了各种箭头。随着实验的不断深入，侯德榜敏捷的思路已经跳出了原有制碱法的束缚，新的制碱方法在他的脑海里逐渐清晰。

侯德榜对实验要求特别严格，他规定同一条件的实验要做 30 遍。有的技术人员认为这样做太耗费时间，没有必

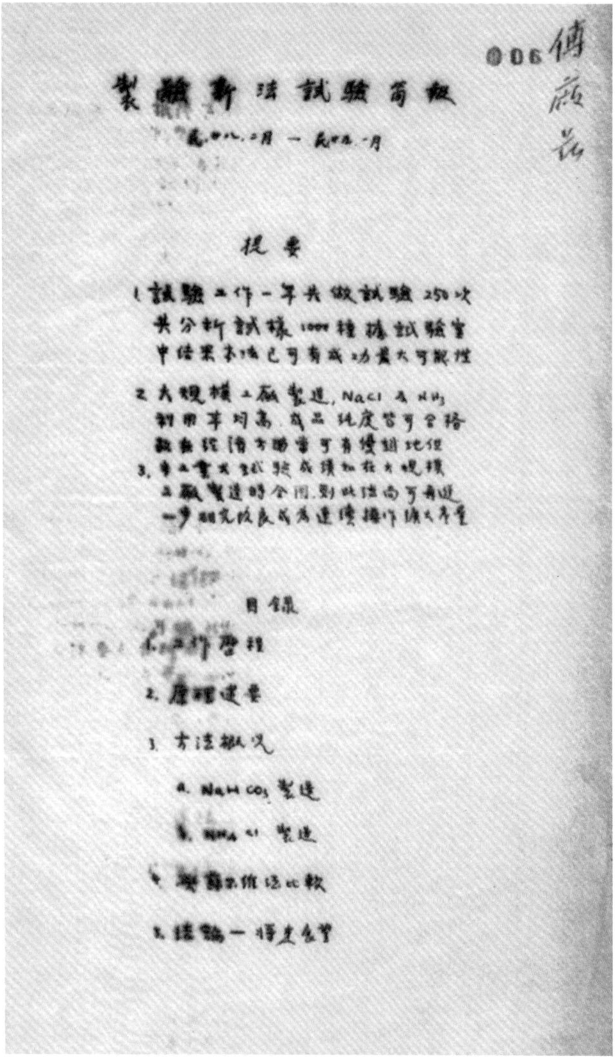

006 傅厂长

製鹼新法試驗簡報

民卅八.二月 — 民卅九.一月

提要

1.試驗工作一年共做試驗250次 共分析試樣1000種 據試驗室中結果本法已可有成功最大可能性

2.大規模工廠製造, NaCl 及 NH_3 利用率均高

目錄

1.工作歷程

2.原理述要

3.方法概況

a. $NaHCO_3$ 製造

b. NH_4Cl 製造

4.與蘇爾維法比較

5.結論—將來希望

制碱新法实验简报

侯德榜使用过的计算尺、圆规

要。直到实验20多次以后的数据非常稳定，技术人员才意识到实验30遍的意义。就这样，技术人员们每天工作12个小时，分析了2000多个样品，做了500多次的循环实验，每周汇报实验情况，侯德榜详细指导，经过共同努力，深入探求，终于探索清楚，实验室试验结束。

一个化学工艺制造的成果，仅仅依靠实验室结果是远远不够的，还需要做半工业化实验才能确定成果。1939年冬，在纽约和上海做中间厂试验，结果没想到局势突然发生变化，法国投降，上海法租界被日本占领，中间厂试验只好移到四川。克服了重重困难才将制碱仪器和原料从美国运到四川，川厂的技术人员在“新塘沽”安装好这套实验装置。1942年秋，新流程的半工业实验在永利川厂正式试车，两三个月后，终于取得满意的结果。

新的制碱方法是查恩法的发展，主要产品为纯碱和氯化铵两种。具体的生产流程是将合成氨和氨碱法联合起来，利用合成氨的二氧化碳生产纯碱，生产纯碱的废液又可以作为生产氯化铵的原料，这样就可以提高原盐的利用率，高达96%，降低了生产成本，仅为苏尔维制碱法的40%。

新法制碱实验装置

1941年3月16日，范旭东在“新塘沽”全厂集会上宣布：“我决定，将这一新的制碱法命名为‘侯氏制碱法’，并在适当时期，将侯氏制碱法与学术界见面。真诚地感谢侯德榜先生为中国化工事业作出的杰出贡献！”

永利川厂新法实验厂房

永利川厂的纯碱厂房

侯氏制碱法在国际上引起了轰动，它推动了世界纯碱工业的发展。1943年10月，一个振奋人心的消息传到中国：

◎**小贴士**

侯氏制碱法的工艺流程：侯氏制碱法将含盐的母液称为母液①，在碳化塔中吸收氨气和二氧化碳气体，进行碳酸化反应，生产碳酸氢钠，将其过滤煅烧制得纯碱，而过滤所得的母液称为母液②，这个过程在联碱法中称为第一过程。母液②降温加盐后析出氯化铵，此过程在联碱法中称为第二过程。两个过程完成一次循环。在连续循环中，不断加入原料就能连续制得纯碱与氯化铵两种产品，具体的工业流程如图所示。

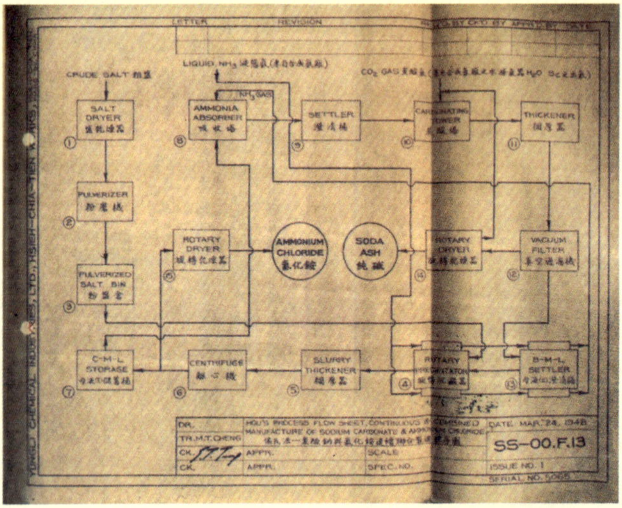

侯氏制碱法工艺流程图

英国皇家化工学会特赠予侯德榜先生名誉会员的荣衔，典礼于10月22日在纽约举行，仪式非常隆重。英国皇家化工学会自成立以来，赠予名誉会员一事算上这次仅有两次，那些对促进化学与化工进展有特殊贡献的化学家，总共才有12人。因此，国际化工界均以获得此国际荣誉为无上的光荣。侯德榜获此殊荣是中国化学工业的荣耀。

获奖的消息传回国内，人们在暴风雨般的掌声中将侯德榜的长子侯虞篪高高举起，让他代表侯德榜接受大家的拥护与敬意。“新塘沽”的同仁们笑啊唱啊，庆贺中国自己的制碱法诞生。自从日本占领中国，毁掉了永利碱厂的全部基业，这是永利同仁们第一次发自内心的笑容，这是分享侯德榜为中国人民争得的光荣，寄托这百余年来受尽欺辱的中华民族自立于世界民族之林的希望。

1948年，侯德榜向民国政府经济部提交申请，为侯氏制碱法申请专利，同年7月31日，获得专利权证明书。1953年7月1日，中央工商行政管理局为侯氏制碱法颁发新中国发字第一号发明证书。

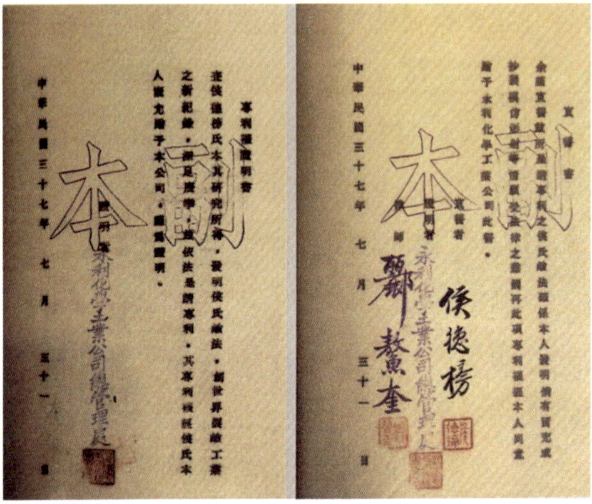
專利權證明書

茲有侯德榜氏本其研究所得，發明侯氏鹼法，創世界製鹼工業之新紀錄，殊足欽佩。茲依法呈請專利，其專利權應歸侯氏本人，嗣允贈予本公司，特此證明。

證明者 永利化學工業公司總經理

中華民國三十七年七月三十一日

宣誓書

宣誓者 侯德榜

中華民國三十七年七月三十一日

专利权证明书

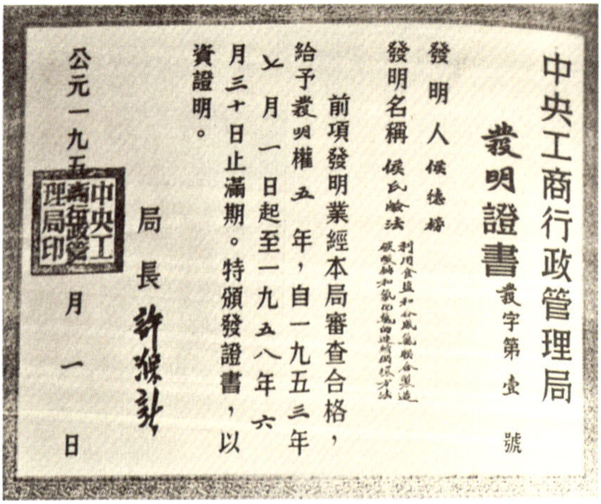
中央工商行政管理局

發明證書 發字第壹號

發明人 侯德榜

發明名稱 侯氏鹼法 利用食鹽和合成氨聯合製造碳酸鈉和氯化氨的連續循環方法

前項發明業經本局審查合格，給予發明權五年，自一九五三年七月一日起至一九五八年六月三十日止滿期。特頒發證書，以資證明。

局長 許滌新

中央工商行政管理局印

公元一九五 月 一 日

第一号发明证书

十五 重回塘沽——永利碱厂的新生

1945年8月15日，日本战败，宣布无条件投降，我国举国一片欢腾。11月初，李烛尘等人作为国民政府接收人员来接收永利、久大两厂。八年前，李烛尘面对日本兴中公司刀根的威逼利诱，大义凛然地拒绝在接收协议上签字。11月15日，两厂负责的日本人故伎重施，把早已准备的资产负债表呈上，要李烛尘等人在交接表上签字。李烛尘愤慨地说道："工厂是我们的，以前被你们抢走了，现在物归原主，我们派人来管理，有什么字可签！"说着，一把将资产负债表夺了过来。

李烛尘与相关人员根据资产负债表，对照视察两厂的破坏情况，核实资金、设备及原材料情况，与日本人据理力争。他们一方面戳穿了日本所谓的投资，如日本侵占碱厂时，投入了30万元作为流动资金，是用来维修设备的，

李烛尘等人接收永利

后来重复计算为股金，这完全是偷梁换柱。另一方面，国民政府按敌伪产业要将永利碱厂收为国有，但永利碱厂是经政府注册的股份制民营企业，所以永利碱厂对于任何增资改组永利的企图概不承认。而且日本人占据的这八年间，几乎没有增设任何设备仪器，民营的性质根本没有改变，因此李烛尘等人据理力争，保全了企业与股东的利益。

根据清点发现，日本占领永利碱厂的这八年，由于粗暴使用，碱厂遭受了巨大的损失。永利碱厂的主体设备大部分破损过半，或被拆除，如：旧有的1000马力、500马力发电机各一架被烧毁；原有锅炉7座，损坏4座；原有白灰窑2座，损坏1座；原有吸氨塔3座，损坏1座；原

主体碳化塔被拆除一半

双缸冷风机破损情况

有碳化塔 7 座，损坏 3 座；原有蒸氨塔 3 座，损坏 1 座；原有干燥锅 5 座，损坏 4 座。原材料残存无几：1937 年撤退时，仅粗盐就有 3 万吨以上，而此时仅存 1000 吨。而且资金缺乏，战后交通不便，时局动荡，人心惶惶，恢复生产非常困难。

1945 年 11 月 15 日正式接收后，公司派佟翕然担任永利代理厂长兼技师长，并进一步充实各部门人员，以尽快开工出碱。虽然有重重困难，但是技术人员和碱厂工人都精神饱满，积极地进行技术检查和设备修复，因为永利碱厂又重新回到中国人手中，再不用当亡国奴了。工人们自愿加班加点、酬劳减半，不分昼夜抢修机器，以期早日渡

机器房电机大修

碳化塔厂房修复

过难关。经过 3 个月的艰苦奋战，终于在 1946 年 2 月 22 日正式出碱。

抗日战争胜利不久后，内战爆发，刚刚恢复生产的永利碱厂即将面临新的战火。为了保全民族化学工业，保住这中国唯一的纯碱厂，李烛尘多次与民国政府交涉。最终，在碱厂职工组成的护厂队的努力下，保全了永利碱厂，为 1949 年后恢复生产奠定了基础。

主要参考资料

天津碱厂编委会：《天津碱厂志》，天津人民出版社 1992 年版

《钩沉——“永久黄”团体历史珍贵资料选编》，天津碱厂 2009 年内部发行

赵津：《“永久黄”团体档案汇编——永利化学工业公司专辑》，天津人民出版社 2010 年版

天津永利制碱公司编辑部：《苏达工业》，天津永利制碱公司编辑部 1929 年版

凌永乐：《碱》，商务印书馆 1954 年版

大连化工厂：《联合法生产纯碱和氯化铵》，化学工业出版社 1986 年版

李祉川、陈歆文：《侯德榜》，南开大学出版社 1986 年版

张同义：《范旭东传》，湖南人民出版社 1987 年版

毛杨柱：《天津碱厂七十年》，天津碱厂 1988 年版

师俊山、张鸿敏：《化学工业的先驱——范旭东传》，河北人

民出版社 1995 年版

李玉：《企业先驱：范旭东大传》，中华工商联合出版社 1998 年版

陈歆文、周嘉华：《永利与黄海——近代中国化工的典范》，山东教育出版社 2006 年版

陈歆文：《中国化学工业史（1860—1949）》，化学工业出版社 2006 年版

贾长华：《图说滨海》，天津古籍出版社 2008 年版

王仁湘、张征雁：《中国滋味：盐与文明》，辽宁人民出版社 2012 年版

赵津、李健英：《中国化学工业奠基者“永久黄”团体研究》，天津人民出版社 2014 年版

李祉川、陈歆文：《“侯氏碱法”的诞生和发展》，《化学通报》1982 年第 8 期

张高峰：《范旭东在苦海盐边操业纪实》，《天津文史资料选辑》1983 年第 3 期

后　记

2010年天津碱厂搬迁之际，我作为学生跟随天津大学青木信夫教授和徐苏斌教授到塘沽考察天津碱厂，随后进入到工业遗产保护与再利用研究领域，并以天津碱厂作为研究对象来分析化工类工业遗产的保护与再利用问题。2010年下半年天津碱厂全面停产，鉴于碱厂在中国化学工业史上的重要地位，在多次进入天津碱厂考察工业遗存的基础上，我建议保留天津碱厂部分工业遗产。遗憾的是，由于各种原因，最终碱厂未能保留完整的生产线。2011年碱厂拆除之后，生产区域仅仅保留碱厂大门、科学厅、白灰窑、日占时期仓库和化盐池以及服务全市的供电车间，并且被用护栏围起来成为建设工地，不能轻易进入。

2013年，借着天津市规划局调研全市工业遗产的机会，我再次进入天津碱厂，原来偌大的厂区只孤零零地立着几座建筑。在后来的城市建设过程中，这些遗产也渐渐地消失了。2018年初我再次考察天津碱厂时，在高楼林立的住宅小区中找到了被列为滨海新区文物保护单位的科学厅，而白灰窑早已不在原地矗立，被搬到了附近的紫云公园内，原来保留的大门、仓库、化盐池早已不知所踪，取而代之的是住宅小区、商业中心、艺术中心等新建筑。在这样的环境中，科学厅显得非常地格格不入，而天津碱厂在这片土地上的辉煌历史也似乎渐渐地被人们遗忘。

有幸参与到“中国工业遗产故事”丛书的编写工作，使我又看到了新的希望，物质可能会消失，但是精神永存。在整理资料编写书稿的过程中，再次体会中国民族实业家创业之艰难，发展之不易，范旭东、陈调甫等人在重重困难面前绝不低头，侯德榜、孙学悟等学者不为名利所动的拳拳爱国之心，李烛尘、李祉川面对日军的威胁不卑不亢。这些前辈们不屈的精神、坚韧的品格非常值得我们学习，并激励着一代又一代人。

最后感谢原国家计委三线建设调整办公室王春才主任和塘沽博物馆的王利老师对研究工作的支持，感谢天津碱厂的杨同发工程师悉心介绍天津碱厂的制碱技术，感谢东方电气集团东风电机党委工作部周玉桃副部长和张君提供的永利川厂的珍贵资料与帮助。感谢天津市档案馆、中国科协创新战略研究院等单位在写作过程中提供的帮助。感谢国家自然科学基金委（项目号：51608337）对研究工作的资助，感谢南京出版社的凌霄、孙海彦等编辑对本书的认真编校。不足之处请相关专家给予指正。